원서발췌
문화에서의 불안

고전 명작을 읽는 가장 쉬운 길,
'지식을만드는지식 원서발췌'

축약, 해설, 리라이팅이 아닙니다. 원전의 핵심 내용을 문장 그대로 가져옵니다. 작품의 오리지낼리티를 가감 없이 느낄 수 있습니다.
두껍고 읽기 어려워 책장을 덮어 버리곤 했던 고전을 발췌합니다. 해당 작품을 연구한 전문가가 작품의 정수를 가려 뽑아냅니다. 핵심만 읽기 때문에 더 빠르게 더 많은 고전을 읽을 수 있습니다. 제외된 부분은 중간중간 친절하게 요약 설명합니다. 풍부한 해설과 주석으로 전체 내용을 파악하는 데 무리가 없습니다. 정확한 번역, 적절한 윤문으로 10대에서 80대까지 누구나 쉽게 읽을 수 있습니다. 콤팩트한 사이즈와 분량이므로 간편하게 휴대할 수 있습니다. 수천 쪽의 고전을 발췌된 내용으로 읽고도 전체 의미를 파악할 수 있는 것이 지식을만드는지식 원서발췌의 매직입니다. 발췌율은 표지에 표시하고 발췌 방법은 일러두기에 상세히 밝힙니다.
고전 독자를 발췌 읽기에서 완역 읽기로, 더 나아가 원전 읽기로 안내합니다. 바쁜 현대인들에게 새로운 고전읽기 방법을 제시합니다.

원서발췌
문화에서의 불안

Das Unbehagen in der Kultur

지그문트 프로이트(Sigmund Freud) 지음
강영계 옮김

대한민국, 서울, 지식을만드는지식, 2024

편집자 일러두기

- 이 책은 프로이트 전집 제14권(S. Fischer Verlag, 1948) 중에서 《Das Unbehagen in der Kultur》의 80%를 번역한 것입니다.
- 지은이가 작성한 주석은 '지은이 주'로 표시했고, 옮긴이의 주석은 따로 표시하지 않았습니다.
- 독자의 이해를 돕기 위해서 필요하다고 생각되는 개념에는 독일어 원어를 괄호 안에 병기했습니다.
- '…'는 발췌를 위해 생략한 부분입니다.
- 외래어 표기는 현행 한글어문규정의 외래어표기법을 따랐습니다.

차례

문화에서의 불안

1.

사람들은 일반적으로 그릇된 잣대를 사용하고 자신을 위해 권력과 성공과 부를 추구하며 타인들을 흠모하지만 참다운 삶의 가치는 과소평가한다는 인상을 피할 수 없다. 그러나 우리가 이처럼 모든 것에 일반적 판단을 내리게 될 경우 인간세계와 그 세계의 정신적 삶의 다양성을 망각할 위험에 처하게 된다. 비록 그러한 것들의 위대함이 대중의 목표나 이상과는 현저히 먼 성질이나 결과를 바탕으로 삼을지라도 동시대인들의 존경을 받는 그러한 인간들은 존재한다. 하지만 소수의 사람들만 이 위인들을 인정할 뿐, 대다수의 사람들은 위인들에 관해서 아무것도 알려고 하지 않는다는 사실을 쉽게 알 수 있다. 그러나 인간의 사고와 행동이 일치하지 않고 인간의 소망 충동이 매우 다양하기 때문에 문제가 그렇게 단순할 수는 없다.

뛰어난 인간들 중 한 사람은 편지에서 자신을 내 친구라고 부른다. 나는 종교를 환상으로 다루는 내 작은 글을 그에게 보낸 일이 있다.[1] 그러자 그는 종교에 관한 나의 판단에 전적으로 동의하지만 내가 종교성의 고유한 원천을 제대로 평가하지 않은 것이 아쉽다고 답했다. 이 종교

---

1) 작은 글은 〈환상의 미래〉다.

성은 그 자신을 결코 떠나려고 하지 않는 특별한 느낌이라는 것이다. 그는 많은 다른 사람들이 이 느낌을 확인한 것을 발견할 수 있으며 무수히 많은 사람들에게 이 느낌이 있음을 생각할 수 있다는 것이다. 그는 이 느낌을 '영원'의 감각, 즉 어떤 무한하고 경계가 없으며 동시에 '망망대해'와 같은 느낌으로 부르고자 한다. 이 느낌은 아무런 신앙 교의도 아니고 순수하게 주관적인 사실이다. 이 느낌은 개인의 영생을 전혀 보증해 주지는 않지만 종교적 에너지의 원천이다. 여러 교회와 종교 체계들은 이 종교적 에너지를 파악하고 있으며, 이 에너지는 특정한 수로를 통해 인도되고 고갈된다. 모든 신앙과 모든 환상을 거부한다고 해도 우리는 오직 이 망망대해와 같은 느낌을 근거로 자신을 종교적이라고 부를 수 있을 것이다.

그 자신이 언젠가 환상의 마력을 시적으로 찬양한[2] 나의 존경하는 친구의 견해는 나에게 적지 않은 어려움을 가져다주었다. 나는 이 '망망대해와 같은' 느낌을 내 안에서 찾아낼 수가 없다. 느낌을 학문적으로 다루는 것은 적절하지 않다. 우리는 느낌의 생리학적 징후를 기술하려고

---

2) (지은이 주) 《릴룰리(Liluli)》(1923), 《라마크리슈나의 삶》과 《비베카난다의 삶》(1930)이 출판된 이상 내가 본문에서 말한 친구가 로맹 롤랑(Romain Rolland)이라는 것을 더 이상 숨길 필요가 없다.

할 수 있다. 이것이 불가능할 경우—내가 두려워하는 것은 망망대해와 같은 느낌 역시 그러한 특징을 기술할 것인데—그 느낌을 연상해서 가장 일찍 결부되는 생각의 내용에 의지할 수밖에 없다. 만일 내가 친구의 말을 올바로 이해했다면 그는 독창적이며 상당히 괴팍한 시인이 자살을 앞두고 있는 주인공을 위로하는 것과 똑같은 것을 말한다. "우리는 이 세계 밖으로 떨어질 수 없다."[3] 말하자면 이 느낌은 바깥 세계 전체와 풀 수 없을 정도로 묶여서 함께 있는 느낌이다. 나에게 이 느낌은 오히려 지적 통찰의 성격을 가진다고 말하고 싶다. 확실히 지적 통찰도 느낌의 색채를 띠고 있지만 비슷한 범위를 가진 또 다른 사고 행위에서 필요한 것과 같은 느낌의 색채를 동반한다. 개인적으로 나는 그러한 느낌의 일차적 본성에 관해 확신할 수 없을 것이다. 그렇다고 해서 다른 사람들이 그런 느낌을 실제로 갖는지 여부를 내가 따져서는 안 된다. 단지 문제가 되는 것은 그 느낌이 옳게 해석되는가, 그리고 그 느낌이 '원천과 기원(fons et origo)'으로서 당연히 인정되는가의 여부다.

---

3) (지은이 주) D. Chr. Grabble, Hannibal, "그래, 우리는 세계 밖으로 떨어지지 않을 것이다. 우리는 어떻게든 세계 안에 존재한다."

나는 이 문제의 해결에 결정적으로 영향을 미칠 것을 전혀 가지고 있지 않다. 인간이 처음부터 직접적으로 문제 해결을 지향하는 느낌을 통해 환경과 자신의 관계에 대한 지식을 얻어야 한다는 생각은 너무 낯설고 우리의 심리학 구조에 제대로 들어맞지 않는다. 그렇기 때문에 그러한 느낌의 정신분석학적인, 즉 발생론적인 도출을 추구할 수 있다. 그러면 다음과 같은 생각의 과정이 우리에게 떠오른다. 보통 우리에게는 우리의 자기(Selbst), 우리의 고유한 자아(Ich)의 느낌보다 더 확실한 것은 아무것도 없다. 이 자아는 우리에게 자발적이고 통일적인 것으로 보이며 다른 모든 것과 분명히 구별되는 것으로 보인다. 이 겉모습은 기만이라는 사실, 자아는 오히려 뚜렷한 경계선 없이 내면으로 향하면서 우리가 그것(Es)으로 나타내는[4] 무의식적, 정신적 존재 안으로 진행한다는 사실, 말하자면 자아는 그것(Es)의 겉모습 역할을 행한다는 사실 등을 정신분석학적 연구가 비로소 우리에게 가르쳐주었다. 정신분석학적 연구는 또한 자아와 그것(Es)의 관계에 관해서 우리에게 많은 정보들을 제시해야 한다. 그러나 자아

---

4) 그것(Es)은 라틴어의 id다. id는 무의식적 충동의 원천으로서 libido와 super-ego로 구성된다.

는 적어도 외부 세계에 대해서는 명백하고도 뚜렷한 한계선을 긋는 것처럼 보인다. 단지 어떤 상태에서의, 실은 우리가 병적이라고 평가할 수 없는 예외적인 상태에서의 경우는 다르다. 사랑의 절정에서는 자아와 대상 간의 경계가 당장이라도 소멸될 것 같다. 감각의 온갖 증거에 반대해 사랑에 빠진 남자는 '나'와 '너'는 하나일 것이라고 주장하며 그것이 마치 사실인 것처럼 행동할 준비가 되어 있다. 생리적 기능에 의해서 잠정적으로 제거될 수 있는 것은 분명히 병리적 과정에 의해서도 혼란에 빠질 수 있다. 병리학은 외부 세계에 대한 자아의 경계가 불확실해지거나 실제로 경계가 옳지 않게 그려져 있는 수많은 상태들을 우리에게 알려준다. 어떤 경우 우리에게는 자신의 신체 부분들과 자신의 정신생활의 부분들인 지각, 사고, 감정까지도 낯설고 자아에 속하지 않는 것처럼 나타난다. 또 다른 경우 우리는 자아에서 생기고 자아가 당연히 인정해야만 할 것을 외부 세계의 탓으로 돌린다. 따라서 자아 느낌(Ichgefühl)도 역시 장애를 겪을 수 있고 자아 경계도 끊임없이 일정한 것이 아니다.

계속해서 숙고할 경우 성인의 이러한 자아 느낌은 처음부터 지금과 같았을 리가 없다고 말할 수 있다. 자아 느낌은 확실하게 증명되지는 않지만 상당한 개연성을 가지고 구성되는 발달을 겪은 것이 분명하다.[5] 유아는 자신에게 흘러들어 오는 감각의 원천으로서의 바깥 세계로부터 자신의 자아를 아직 분리시키지 못한다. 유아는 점진적으로 다양한 자극에 반응하면서 바깥 세계와 자아를 분리시키는 방법을 배운다. 유아가 나중에 자신의 신체 기관임을 알게 되는 여러 자극 원천들이 언제나 그에게 감각을 제공할 수 있고 그런가 하면 다른 자극 원천들 — 그중에서도 그가 가장 욕구한 어미 젖가슴(Mutterbrust) — 은 때때로 그를 피하며 도움을 갈망해 외쳐야 비로소 나타나게 된다는 사실은 유아에게 분명히 강한 인상을 줄 것이다. 따라서 '밖에' 존재하며 비로소 특별한 행동을 통해서 나타날 수밖에 없는 어떤 것으로서의 '대상'이 처음으로 유아의 자아에 대립된다. 자주 찾아오고 다양하며 불가피한 고통과 불쾌감은 감각의 총체로부터 자아를 분리하도록, 말하자면 '밖'을, 즉 외부 세계를 인정하도록 또 다른 자극을 부여한다. 무한하게 지배하는 쾌락의 원리(Lustprinzip)는 이 불가피한 고통과 불쾌감을 제거하고 피하라고 명한다.

---

5) (지은이 주) 페렌치(Ferenczi)의 《현실감각의 발달 단계》(1913)로부터 페더른(P. Federn)의 1926, 1927, 그리고 그 후의 문헌들에 이르기까지 자아 발달과 자아 느낌에 관한 수많은 연구들을 참조할 것.

그러한 불쾌감의 원천이 될 수 있는 모든 것을 자아로부터 분리하기 위한, 그 모든 것을 밖으로 던져버리기 위한, 그리고 낯설고 위협적인 '밖'과 대립하는 순수한 쾌감-자아를 형성하기 위한 경향이 생긴다. 이 원시적 쾌감-자아의 경계는 경험을 통해서 수정될 수밖에 없다. 우리는 많은 것들로부터 쾌감을 얻기 때문에 포기하고 싶지 않다. 그렇지만 많은 것들은 자아가 아니고 대상이다. 그리고 우리가 쫓아내려고 하는 여러 가지 고통은 자아로부터 분리가 불가능한 것으로, 내면적 원인을 가진 것으로 증명된다. 우리가 감각 활동의 의식적 통제와 적절한 근육 활동에 의해서 내면적인 것－자아에 속하는 것－과 외면적인 것－외부 세계에서 생기는 것－을 구분할 수 있는 것처럼 우리는 행동을 배우게 된다. 이렇게 해서 우리는 앞으로의 발달을 당연히 지배할 현실 원리(Realitätsprinzip)의 도입을 위한 첫걸음을 내딛는다. 물론 이러한 구분은 우리가 느낀 불쾌감과 우리를 위협하는 불쾌감으로부터 자신을 방어하는 실제적인 목적에 기여한다. 자아가 자신의 내면에서 생기는 특정한 불쾌감의 자극을 방어하기 위해 사용할 수 있는 방법은 외부로부터 오는 불쾌감을 방어하기 위해 사용하는 방법 이외의 다른 어떤 방법도 없다는 사실은 중요한 병리적 장애의 출발점이 된다.

말하자면 자아는 그와 같은 식으로 외부 세계로부터 분리된다. 보다 더 정확히 말하면 다음과 같다. 원래 자아는 모든 것을 포함하지만 나중에는 자신으로부터 외부 세계를 분리시킨다. 따라서 오늘날 우리의 자아 느낌은 한층 더 포괄적인 느낌－자아와 환경과의 내면적 관계에 어울리는 느낌－의 위축된 잔해에 지나지 않는다. 수많은 인간들의 정신생활에 이 원초적 자아 느낌이 어느 정도 보존되어 왔다고 가정할 수 있다면, 이 원초적 자아 느낌은 보다 더 범위가 좁고 분명한 경계선을 지닌 자아 느낌과 짝을 이루어 나란히 존재할 것이다. 그리고 원초적 자아 느낌에 어울리는 표상 내용들은 바로 무한함 및 전체(All)와의[6] 결합일 것이다. 내 친구는 그런 표상 내용들을 가지고 '망망대해와 같은' 느낌을 설명한다. 그러나 나중에 근원적인 것에서 생긴 것에 나란히 근원적인 것이 살아남는다고 가정할 권리를 우리가 가지고 있는가?

의심할 여지가 없다. 정신 영역에서는 물론이고 다른 영역에서도 그러한 현상이 나타나는 것은 낯설지 않다. 동물의 계열에서 우리는 고등동물의 종들이 최하등 종들로부터 진화했다는 가정을 여전히 고집한다. 그렇지만 오

6) 'All'은 우주 전체의 의미를 가진다.

늘날에도 여전히 생물들 중에서 매우 단순한 생명의 형태들을 발견한다. 공룡은 멸종해 포유류에게 자리를 넘겨주었지만 이 공룡의 제대로 된 대변자인 악어는 여전히 우리와 함께 살고 있다. 이 비유는 지금의 논의와는 너무 거리가 먼 것이고 지금 살아 있는 하등동물의 종들이 대부분 오늘날의 고등동물의 종들의 직계 조상이 아니라는 사실 또한 비유의 상황을 악화시킨다. 고등동물과 하등동물의 중간 부분들은 대개 멸종했고, 따라서 오직 복원을 통해서만 알려진다. 반면 정신 영역에서는 원시적인 것이 그것에서 생긴 변형과 나란히 보존되는 것이 빈번하기 때문에 실례를 들어서 증명할 필요가 없다. 이러한 현상은 대부분 발달 과정이 분열된 결과다. 어떤 태도나 충동 자극의 양적 부분은 변화되지 않고 보존되어 있고, 또 다른 부분은 계속 진행되는 발달을 경험했다.

이렇게 해서 우리는 정신 영역에서의 보존이라는 보다 더 일반적인 문제를 다룬다. 이 문제는 여전히 거의 연구되지 않았지만 매우 매력적이며 중요하기 때문에 기회가 충분치 않더라도 잠시 주의를 기울여도 좋을 것이다. 우리가 흔하게 겪는 망각이 기억흔적의 파괴, 말하자면 기억흔적의 소멸을 뜻한다는 잘못을 극복한 이래로, 우리는 일단 정신생활에서 형성된 것은 어떤 것도 소멸될 수 없으며 모든 것은 어떻게든 보존되어 남고 적절한 상태에서는 예컨대 충분한 퇴행을 통해서 다시금 분명히 나타날 수 있다는 반대되는 가정을 취하는 경향이 있다. 이 가정이 무엇을 내용으로 가지는지를 밝히기 위해 또 다른 분야에서의 비교를 살펴보자. 우리는 '영원한 도시' 로마의 발달을 일례로 제시한다.[7] 역사가들은 우리에게 다음과 같이 가르쳐준다. 가장 오래된 로마는 팔라티노 언덕에 울타리를 두른 주거지인 'Roma quadrata'였다. 다음으로 일곱 언덕 위에 있는 거주자들의 연합인 '일곱 언덕의 도시'가 나타났고 이어서 세르비우스 성으로 둘러싸인 도시가 나타났으며, 나중에 공화정 시대와 초기 전제정치 시대에 많은 변화가 있은 후 아우렐리아누스 황제에 의해 성벽으로 둘러싸인 로마 시가 나타났다. 더 이상 로마 시가 겪은 변화들을 추적하지 말고, 가장 완전한 역사적, 지형학적 지식을 갖춘 것으로 여겨지는 방문객이 오늘날의 로마에서 이 초기 시대의 흔적들에 대해 무엇을 찾아낼 수 있을지 자문해 보기로 하자. 이 방문객은 약간 파괴되기는 했어도 거의 완벽하게 남아있는 아우렐리아누스 성벽을 볼 것이다.

---

7) (지은이 주) 《케임브리지 고대사(The Cambridge Ancient History)》 7권(1928), Hugh Last의 《로마의 건국》에 의함.

몇몇 곳에서 이 방문객은 발굴을 통해서 햇빛을 보게 된 세르비우스 성벽의 일부도 발견할 수 있다. 만일 이 방문객이 충분히 안다면 – 오늘날의 고고학보다 더 많이 – 아마도 그는 세르비우스 성벽의 전체 진로와 '사각형 로마'의 윤곽을 도시 전체 모습 안에 그려 넣을 수 있을 것이다.

한때 이 오래된 지역을 가득 채웠던 건축물들은 더 이상 존재하지 않기 때문에 방문객은 아무것도 찾지 못하거나 아니면 얼마 안 되는 잔재들만 발견한다. 공화정 시대의 로마에 대한 최상의 정보가 이 방문객에게 해줄 수 있는 것은 기껏해야 그 시대의 신전과 공공건물이 서 있던 자리를 지적할 수 있게 하는 일이다. 지금 이 자리를 차지하고 있는 것은 유적 자체가 아니고 불타거나 파괴된 후 후대에 복원된 유적이다. 고대 로마의 이 모든 유적들이 르네상스 이래로 몇 세기 동안에 생긴 대도시의 혼잡 속으로 들어가는 중간 지층으로 나타난다는 사실은 전혀 특별히 언급할 필요가 없다. 확실히 많은 고대 건물이 여전히 도시의 지하나 현대식 건물 밑에 파묻혀 있다. 로마와 같은 역사적인 장소에서 우리에게 나타나는 과거의 보존 방식은 이상에서 말한 것과 같다.

이제 우리는 로마가 인간의 주거지가 아니고 그 주거지와 비슷하게 길며 내용이 풍부한 과거를 가진 정신적 존재(ein psychisches Wesen)라고 가정해 보자. 일단 이 정신적 존재 안에서 성립한 것은 아무것도 사라지지 않으며 최근의 발달 국면과 나란히 초기의 모든 발달 국면도 여전히 존속한다. 말하자면 이 사실은 로마에게 다음의 사실을 뜻한다. 즉 황제들의 궁전과 셉티미우스 세베루스 황제의 궁전이 팔라티노 언덕 위에 여전히 옛날과 같이 높게 솟아 있으며, 제묘(帝廟)는 지붕에 고트족이 포위해 점령할 때까지 성을 장식했던 아름다운 조상(彫像)들을 지니고 있다. 그러나 아직 더 있다. 현재 카파렐리 궁전 터에는 우리가 이 궁전 건물을 옮길 필요도 없이 카피톨리노 언덕의 유피테르 신전이 다시 들어설 것이다. 실은 유피테르 신전은 제정 시대의 로마인들이 보았던 마지막 형태에 있어서뿐만 아니라 최초의 형태에 있어서도 에트루리아 형식을 나타냈으며 처마 끝이 테라코타로 장식되어 있었다. 지금 원형경기장(콜리세오, Coliseo)이 서 있는 곳에서 이미 사라져버린 네로 황제의 황금 궁전에 찬사를 보낼 수 있을 것이다.

판테온 광장에서 우리는 하드리아누스 황제가 우리에게 남긴 오늘날의 판테온뿐만 아니라 똑같은 자리에 아그리파가 세웠던 원래의 건물도 발견할 수 있을 것이다. 실로 산타마리아 소프라 미네르바 교회와 이 교회의 터가 된

고대 신전은 똑같은 토대를 가지고 있을 것이다. 그리고 어떤 광경 아니면 다른 광경을 불러오기 위해서는 구경꾼의 편에서 아마도 단지 시선의 방향을 돌리거나 자세를 바꾸기만 하면 되었을 것이다.

계속해서 이러한 환상의 날개를 펴는 것은 확실히 아무런 의미도 없다. 환상은 생각할 수 없는 것, 즉 부당한 것에 다다른다. 우리가 역사적 연속을 공간적으로 묘사하고자 한다면 그것은 단지 공간의 연속을 통해서만 이루어질 수 있다. 하나의 동일한 공간에 두 가지 충만한 내용들을 담을 수 없다. 우리의 시도는 쓸데없는 장난인 것처럼 보인다. 우리의 시도는 오로지 다음과 같은 정당화만 가지고 있다. 우리의 시도가 우리에게 제시하는 것은 직관적 묘사를 통해서 정신생활의 특징을 파악하는 일이 매우 어렵다는 사실이다.

하나의 반대 의견에 대해서도 우리는 입장을 정해야만 한다. 정신의 과거를 비교하기 위한 것으로 하필이면 왜 도시의 과거를 택했느냐는 물음이 우리에게 제기된다. 모든 과거가 보존된다는 가정은 다음과 같은 조건에서만 정신생활에 대해서도 타당하다. 즉 정신 작용을 하는 기관은 온전한 채로 남아 있으며 두뇌 조직은 정신적 쇼크(Trauma)나 염증에 의해서 손상당하지 않는다. 그러나 이런 질병의 원인에 똑같이 제시할 수 있을 파괴적 영향력은 모든 도시의 역사에 존재한다. 설령 그 도시가 로마에 못 미치는 생동하는 과거를 가졌을지라도, 그리고 그 도시가 마치 런던처럼 거의 적의 침략을 받지 않았어도 말이다. 한 도시의 가장 평화로운 발달은 건물들을 헐고 짓는 것을 포함하며, 따라서 처음부터 도시를 정신적 유기체와 그렇게 비교하는 것은 적절치 못하다.

우리는 이러한 항의에 물러선다. 매우 인상적인 대비 결과를 포기하고 짐승이나 인간의 신체처럼 끊임없이 보다 더 친숙한 비교 대상으로 관심을 돌려보기로 하자. 그러나 여기에서도 우리는 똑같은 문제에 부딪친다. 발달의 초기 국면들은 어떤 의미에서도 더 이상 보존되어 있지 않고 후기 국면들에 재료를 공급하고 후기 국면들로 이전해 버리고 만다. 태아를 성인에게서 발견할 수는 없다. 아이가 지닌 흉선(胸腺)은 사춘기 이후 결합조직으로 대치되지만 그 자체는 더 이상 존재하지 않는다. 성인의 관상골(管狀骨)에서 아이의 골격 윤곽을 찾아낼 수는 있으나 아이의 뼈는 최종적 형태를 취할 때까지 길어지고 굵어지기 때문에 아이의 뼈 자체는 사라져버리고 만다. 오직 정신적인 것 안에서만 모든 초기 단계가 최종의 형태와 나란히 보존될 수 있으며 우리가 이 현상을 생생하게 표현할 입장에 있지 않다는 사실은 여전히 남아 있다.

우리는 아마도 이러한 가정에서 너무 멀리 가는 것 같다. 아마도 우리는 다음처럼 주장하는 것으로 만족해야만 할 것이다. 즉 정신생활에서 과거의 것은 보존될 수 있으며 '반드시' 되어야만 하는 것은 아니다. 정신적인 것에서도 오래된 많은 것이－정상적으로 아니면 예외적으로－전적으로 사라지거나 소멸되며, 오래된 것은 어떤 과정을 통해서도 더 이상 복구되거나 재생될 수 없고, 보존 일반은 특정한 유리한 조건들에 달려 있다는 사실은 언제나 가능하다. 그러한 사실은 가능하지만 우리는 그것에 대해 아무것도 알지 못한다. 우리는 정신생활에 있어서 지나간 것의 보존은 낯선 예외라기보다 오히려 규칙이라는 사실에만 매달릴 수 있다.

많은 사람들에게 '망망대해와 같은' 느낌이 존재하리라는 것은 우리가 인정할 준비가 전적으로 마련되어 있다는 것이고, 그 느낌으로 자아 느낌의 초기 단계까지 거슬러 올라가고 싶은 생각이 든다면, 이 망망대해와 같은 느낌으로 종교적 욕구의 원천으로 간주되기 위해서 무엇을 주장하는가 하는 또 다른 문제가 생긴다.

내가 보기에 이러한 주장은 설득력이 충분하지 않은 것 같다. 그렇지만 어떤 느낌은 그 자체가 강한 욕구의 표현일 경우에만 에너지의 원천일 수 있다. 내가 보기에 유아적 무력감과 그것이 일깨우는 아버지에 대한 동경으로부터 종교적 욕구가 생기는 것은 논란의 여지가 없다. 더욱이 이 무력감은 단순히 유아의 삶으로부터 연속될 뿐만 아니라 압도적인 운명의 힘에 의해 지속적으로 보존되기 때문에 더욱 그렇다. 어린 시절에 아버지의 보호에 대한 욕구만큼 강한 욕구가 있을지 알 수 없다. 따라서 무한한 나르시시즘의 회복을 추구할 수 있을지도 모를 망망대해와 같은 느낌의 역할은 전면으로부터 밀려난다. 우리는 종교적 태도의 원천을 유아적 무력감의 느낌에 이르기까지 분명하게 윤곽을 그리면서 추적할 수 있다. 여전히 또 다른 것이 유아적 무력감의 배후에 숨어 있을 수 있지만 그것은 현재로서는 안개에 덮여 있다.

나는 망망대해와 같은 느낌(das ozeanische Gefühl)이 나중에 종교와 관계를 맺게 된다고 생각할 수 있다. 생각의 내용으로서 그러한 느낌에 속하는 우주적 전체와의 합일은 종교적 위안을 얻으려는 최초의 시도처럼 보인다. 그것은 마치 자아가 외부 세계로부터 위협적인 것으로 인식하는 위험을 거부하는 또 다른 방법처럼 보인다. 나는 다음과 같이 거듭 고백한다. 즉 거의 파악할 수 없는 이 광대한 것들을 연구한다는 것은 너무 어렵다. 지칠 줄 모르는 지식 충동을 가지고 가장 유별난 실험을 함으로써 결국 만물박사가 된 또 다른 내 친구는 다음의 사실을 내게 장담했다. 즉 우리는 외부 세계로부터 물러나고, 신체 기능에 주의를 기울이고 특별한 방식으로 호흡을 함으로써 요가 훈련을 하면 실제로 자신 안에 새로운 감각과 전신(全身) 느낌을 불러일으킬 수 있는 것이다. 그는 이런 감각과 느낌을 오래전에 매몰된 원초적 정신생활의 퇴행으로 파악하고자 한다. 그는 말하자면 거기에서 신비주의의 수많은 지혜에 대한 생리적 근거를 발견한다. 무아지경과 황홀경과 같은 정신생활의 여러 몽롱한 변화들에 대한 관계를 밝히는 일은 어렵지 않을 것이다. 그러나 나는 실러의 잠수부가 한 말을 언젠가 외치고 싶다. "장밋빛 햇빛 안에서 숨 쉬는 자여, 기뻐하라."[8)]

8) "Es freue sich, wer da atmet im rosigen Licht." 실러(Schiller)의 《바다에 뛰어든 젊은이(Der Taucher)》에 있는 구절.

2.

내가 〈환상의 미래〉라는 글에서 다룬 것은 종교적 느낌의 가장 심원한 원천이 아니라 보통 사람들이 종교라고 생각하는 것, 즉 한편으로 이 세상의 수수께끼를 부러울 정도로 완전하게 설명해 주고, 다른 한편으로 조심스러운 신의 섭리가 그의 삶을 지키며 이승에서 겪는 어떠한 좌절도 내세의 존재에서 보상하게 될 교리와 약속의 체계였다. 일반인은 이 신의 섭리를 매우 지위가 높아진 아버지의 모습 이외의 다른 것으로 생각할 수 없다. 오직 그런 아버지만이 인간 아이의 욕구를 알 수 있으며, 아이의 기도에 의해서 태도가 누그러지게 되고 아이의 뉘우침의 표시를 보고 화를 가라앉히게 된다. 전체는 너무나도 분명하게 유아적이고 비현실적이기 때문에 인간에게 우호적인 생각을 가진 사람에게는 대부분의 인간이 이러한 인생관을 벗어날 수 없다고 생각하는 것이 고통스러워진다. 오늘날 살아 있는 사람들 중 많은 수의 사람들이 이 종교를 보존할 수 없다는 것을 알면서도 종교를 지키기 위해서 점점 비참한 후퇴 작전을 편다는 것을 경험하는 것은 수치스럽기까지 하다. 우리는 신을 비인격적이며 어두운 추상적 원리로 대치하면서 종교의 신을 구한다고 믿는 철학자들에게 "그대는 당연히 주 하나님의 이름을 망령되게 부르지 말라!"라고 경고하기 위해 신자들의 대열에 합류하고 싶다. 지나간 시대의 위대한 정신적 인물들 중 일부가 동일한 것을 행했다고 한다면 우리가 그들을 본보기로 삼을 필요가 없다. 우리는 그들이 그렇게 행동하지 않으면 안 되었던 이유를 알고 있다.

일반인과 그의 종교, 곧 종교라는 명칭을 가져야만 할 종교로 돌아가 보자.

그럼 우선 위대한 시인이자 현인(賢人) 중의 한 사람의 유명한 말이 나타난다. 그 말은 예술과 학문에 대한 종교의 관계에 대해서 발언한 것이다. 그 말은 다음과 같다.

"학문과 예술을 소유한 자는
종교 또한 가지고 있다.
저 두 가지를 소유하지 않은 자는
종교를 가져라!"[9]

…따라서 인간의 행동을 통해 삶의 목적과 의도로서 인간 자신이 인식하게 되는 것은 무엇이고, 인간은 삶에 무엇을 요구하며, 인간은 삶에서 무엇을 성취하려고 하는

---

9) (지은이 주) 괴테, 〈얌전한 크세니엔(Zahme Xenien)〉 IX.

가와 같은 보다 더 겸허한 문제로 관심을 돌려보자. 이 물음에 대한 답은 너무나도 분명하다. 인간은 행복을 추구하고 행복하게 되기를, 그리고 행복한 상태로 있기를 원한다. 이 노력은 적극적인 목표와 소극적인 목표의 양면을 지니고, 이 노력은 고통과 불쾌감이 없는 상태를 원하며 다른 한편으로는 강렬한 쾌감의 체험을 원한다. 좁은 의미의 '행복(glück)'은 오직 두 번째 행복에만 관계된다. 목표가 이렇게 양분되어 있으므로 두 목표 중 어느 쪽을－주로 아니면 오로지－실현하고자 하는가에 따라서 인간의 활동은 두 가지로 전개된다.

우리가 알고 있는 것처럼 인생의 목적을 결정하는 것은 단순히 쾌락 원리(Lustprinzip)의 계획이다. 이 원리는 처음부터 정신적 기구의 작용을 지배한다. 이 원리의 유효성은 전혀 의심할 여지가 없지만, 이 원리의 계획은 소우주뿐만 아니라 대우주도 포함하는 전체 세계와 적대 관계에 있다. 이 계획은 도대체 완수될 수 없다. 세계 전체의 모든 적응 규칙은 이 계획에 모순된다. 우리는 다음처럼 말하고 싶어 한다. 즉 인간은 아마도 '행복'하리라는 의도는 '천지창조'의 계획에 포함되어 있지 않은 것이다. 우리가 가장 엄밀한 의미에서 행복이라고 부르는 것은 극도로 축적되어 있던 욕구가 오히려 갑작스럽게 충족되는 것에서 비롯되며, 그것은 본성상 단지 일시적 현상으로서만 가능하다. 쾌락 원리가 바라던 상황의 지속은 가벼운 쾌적감만을 낳는다. 우리는 오직 대비(對比)만을 강하게 즐길 수 있고 상태는 거의 즐길 수 없도록 되어 있다.[10] 따라서 우리가 행복해질 수 있는 가능성은 이미 우리의 마음의 구조로 인해 제한되어 있다. 불행을 경험하는 것은 훨씬 더 쉬운 일이다. 고통은 다음과 같이 세 국면으로부터 우리를 위협한다. 우리 자신의 육체로부터 고통은 우리를 위협한다. 육체는 썩어서 없어지도록 결정되어 있고 더욱이 경고신호로서의 고통과 불안을 안 가질 수 없다. 외부 세계로부터의 고통이 우리를 위협한다. 외부 세계는 압도적이고 무자비하며 파괴적인 힘을 가지고 우리를 덮칠 수 있다. 그리고 마지막으로 타인들과의 관계로부터 고통은 우리를 위협한다. 이 타인들과의 관계라는 원천에서 생기는 고통을 아마도 우리는 다른 모든 고통보다 더 괴로운 것으로 느낄 것이다. 고통이란 또 다른 원인에서 생기는 고통만큼 숙명적으로 불가피한 고통일지라도 우리는 고통을 어느 정도 불필요한 덤으로 여기는 경향이 있다.

---

10) (지은이 주) 더욱이 괴테는 다음과 같이 경고한다. "화창한 날이 연속되는 것보다 더 견디기 어려운 것은 아무것도 없다." 이것은 어디까지나 과장일 수 있다.

쾌락 원리 자체가 외부 세계의 영향 아래에서 보다 더 적절한 현실 원리(Realitätsprinzip)로 바뀌는 것처럼 인간이 이러한 고통의 가능성에 억압당해 자신들의 행복에 대한 요구를 누그러뜨리려고 한다면, 불행을 피하고 고통을 극복한 것을 행복하다고 기뻐한다면, 아주 일반적으로 고통을 피하는 일이 쾌락을 얻는 일을 뒷전으로 몰아낸다면 그것은 전혀 놀라운 일이 아니다. 숙고해 보면 다음과 같은 사실을 알 수 있다. 즉 우리는 고통을 피하고 쾌락을 얻는 과제를 해결하기 위해서 매우 다양한 방법을 시도할 수 있다. 이 모든 방법은 삶의 지혜를 가르치는 각각의 학파들에 의해 추천되었고 또한 사람들에 의해 행해졌다. 모든 욕구의 무한한 만족은 가장 유혹적으로 삶을 영위하는 방식처럼 나타나지만 그것은 신중함보다 향락을 우선하는 것을 뜻하므로 얼마 가지 않아 대가를 받는다. 불쾌감을 회피하는 또 다른 방법은 주로 주의를 기울이는 불쾌감의 원천에 따라 구별된다. 그 방법들 중에는 극단적인 방법도 있고 온건한 방법도 있으며, 일면적인 방법도 있고 동시에 여러 장소에서 공격하는 방법도 있다. 인간관계에서 생길 수 있는 고통을 가장 쉽게 막을 수 있는 보호 장치는 타인들을 멀리하는 자발적 고립이다. 우리는 이 방법으로 도달할 수 있는 행복이 안정된 행복이라는 사실을 이해한다. 두려운 외부 세계에 대해 혼자 힘으로 과제를 해결하려고 한다면 어떻든 외부 세계에 등 돌리는 방식으로 자신을 보호할 수밖에 없다. 물론 또 다른 보다 더 훌륭한 방법이 있다. 그 방법은 우리가 인간 공동체의 구성원으로서 학문이 이루어놓은 기술의 도움을 받아 자연을 공격하고 자연을 인간의 의지에 종속시키는 것이다. 그러면 우리는 모든 사람의 행복을 위해 모든 사람과 협력한다. 그러나 고통을 방지하기 위한 가장 흥미로운 방법은 우리 자신의 유기체에 영향을 미치려고 하는 방법이다. 결국 모든 고통은 감각일 뿐이다. 고통은 우리가 그것을 느끼는 한 생기게 마련이며, 우리 유기체의 특정한 조직에 따라서만 고통을 느낀다.

우리의 유기체에 영향을 미치는 가장 조잡하면서도 효과적인 방법은 화학적 방법, 즉 중독이다. 내가 믿기로 이 방법의 메커니즘을 완전히 알고 있는 사람은 없다. 그러나 혈액과 조직에 들어가면 직접적인 쾌감의 감각을 일으키는 이물질이 존재한다는 것은 사실이다. 그러나 그 이물질의 존재는 우리의 감각적 삶의 조건을 변화시키므로 불쾌한 자극을 받아들일 수 없게 된다. 이러한 두 가지 효과는 동시에 일어날 뿐만 아니라 서로 밀접하게 결합되어 있는 것으로 여겨진다. 그러나 우리 신체의 화학작용에도 비슷한 효과를 일으키는 물질이 있는 것이 분명하다. 왜냐하면 적어도 우리는 조증(Manie)이라는 병리적 상태를 알고 있기 때문이다. 조증의 경우 마취약을 투여하지 않고서도 마취된 것과 비슷한 상태가 생긴다. 게다가 우리의 정상적인 정신생활은 쾌감을 보다 더 쉽게 발산시키는 상태와 보다 더 어렵게 발산하는 상태 사이에서 동요하며 그와 함께 나란히 불쾌감에 대한 감수성이 감소되거나 증대된다. 정신 과정의 이 중독 국면이 지금까지 학문적으로 탐구되지 않은 것은 매우 유감스러운 일이다. 행복을 얻고 비참함을 멀리하려는 투쟁에서 마취 수단의 성과는 상당한 선행으로 평가받기 때문에 민족들과 마찬가지로 개인들은 그들의 리비도 경제학에서 마취 수단에 확고한 지위를 부여했다. 우리는 마취제에서 직접적인 쾌락을 얻을 뿐만 아니라 어느 정도 뜨겁게 열망하던 외부 세계로부터의 독립도 얻는다. 그렇지만 우리는 '근심을 쫓는 손(Sorgenbrecher)'의 도움을 받아 언제든 현실의 억압을 피해 보다 더 훌륭한 감각 조건을 가진 자신의 세계 안에서 피난처를 찾을 수 있다는 사실을 알고 있다. 바로 마취제의 특성이 그 위험과 해로움을 지적한다는 것은 잘 알려져 있다, 마취제는 경우에 따라 인류의 운명을 개선하는 데 사용될 수도 있었던 막대한 에너지를 쓸데없이 낭비시키는 잘못을 짊어진다.

그러나 우리의 정신 기관의 복잡한 구조는 그 이외의 수많은 영향력도 발휘할 수 있다. 충동 충족이 행복인 것처럼 외부 세계가 우리를 굶주리게 하면, 즉 우리의 욕구 충족을 거부한다면 그것은 심한 고통의 원인이 된다. 따라서 우리는 이러한 충동 자극에 영향을 끼침으로써 고통의 한 부분으로부터 벗어나기를 바랄 수 있다. 이러한 방식의 고통 방지는 더 이상 감각기관과는 관계가 없고 욕구의 내적 원천을 지배하고자 한다. 동양의 삶의 지혜가 가르치고 요가 수행이 실천하는 것처럼 우리가 충동을 억제할 때 이 고통 방지 방식은 극단적인 방식으로 된다. 일단 이것이 성공하면 물론 우리는 다른 모든 활동 역시 포기한 것이다(삶을 희생한 것이다). 즉 다른 방법으로 오직 평온함의 행복(das Glück der Ruhe)만을 얻은 것이다. 우리가 단지 충동 생활의 억제만을 추구할 경우 우리는 극단적이지 않은 목표 추구에 있어서도 똑같은 방법을 취한다. 그 경우 지배적인 것은 현실 원리에 종속된 보다 더 고차적인 정신 작용이다. 여기에서 본능 충족의 목적은 결코 포기되지 않는다. 억제되지 않은 충동이 좌절되었을 때보다 다른 것에 종속되어 있는 충동이 좌절되었을 때가 덜 고통스럽게 느껴진다는 사실에 의해서 고통에 대한 특정한 보호 장치가 마련된다. 그러나 이에 비해서 향락 가능성이 감소하는 것은 부정할 수 없다. 자아에 길들여지지 않은 난폭한 충동 자극을 만족시키는 데 있어서의 행복감은 길들여진 충동을 충족시키는 것과는 비교할 수 없을 정도로 강렬하다. 전도된 충동에 저항할 수 없고 아마도 금지된 것이 매력적인 것은 경제적 설명에 의해 해명된다.

…우리가 내적, 정신적 과정에서 자신의 만족을 추구하기 때문에 이미 이와 같은 방법에서 자신을 외부 세계로부터 독립시키려는 의도가 분명하게 되면 다음의 방법에서는 똑같은 특징이 훨씬 더 강하게 나타난다. 여기서는 현실과의 관계가 한층 더 느슨해지면 우리가 환상으로 인식하는 그러한 환상으로부터 만족이 얻어지고, 환상이 현실로부터 벗어난다고 해도 향락은 방해받지 않는다. 이러한 환상이 생기는 영역은 공상적 삶의 영역이다. 현실감각의 발달이 이루어졌을 때 이 영역은 현실성을 증명받으라는 요구를 분명히 피했으며 성취되기 어려운 소망을 실행하도록 결정되었다. 공상에 의한 만족의 선두에는 예술작품의 향유가 있다. 창조적이지 않은 사람도 예술가라는 대리인을 통해서 이 향유를 누릴 수 있다.[11] 예술의 영향을 잘 받아들이는 사람은 그 영향을 쾌락의 원천과 삶의

위안으로 아무리 높게 평가해도 지나치지 않다는 것을 알고 있다. 그렇지만 예술이 우리에게 가져다주는 가벼운 마취는 삶의 어려움을 잠시 벗어나게 해줄 뿐이고 현실적인 어려움을 잊게 해줄 만큼 충분히 강하지 않다.

또 다른 방법은 보다 더 힘차게, 그리고 철저하게 생긴다. 이 방법은 모든 고통의 원천인 현실 안에서 유일한 적을 본다. 모든 고통의 원천인 현실과는 함께 살 수 없으므로 우리가 어떻게든 행복해지려고 한다면 현실과의 모든 관계를 끊지 않으면 안 된다. 은둔자는 세계에 등을 돌리고 아무런 관계도 갖지 않으려고 한다. 그러나 우리는 더 많은 것을 행할 수 있고 세계를 개조하려고 할 수 있다. 우리는 이 세계 대신 가장 참을 수 없는 특징들을 제거하고 자신의 고유한 소망의 의미에서 대치된 또 다른 세계를 건설할 수 있다. 절망적으로 분개해서 행복에 이르는 이 길을 걸어나가기 시작한 사람은 대체로 아무것도 얻지 못할 것이다. 그가 헤쳐나가기에 현실은 너무나도 강하다. 그는 자신의 광기의 실현에서 대부분 아무런 조력자도 찾지 못하는 미치광이가 된다. 그러나 다음과 같은 주장이 있

---

11) (지은이 주) 《정신적 사건의 두 원리에 관한 정식화》(전집 8권, 1911)와 《정신분석학 입문》 XXIII(전집 11권)을 참조할 것.

다. 즉 우리들 각자는 어떤 점에서는 편집증 환자처럼 행동하며 어떤 소망을 형성함으로써 자신이 참을 수 없는 세상의 국면을 바로잡고 이러한 광기를 현실로 끌어들인다는 것이다. 상당수의 사람들이 광기에 의해 현실을 개조함으로써 행복을 보장하고 고통을 피하기 위한 시도를 감행하는 경우는 특별한 의미를 가진다. 우리는 인류의 종교들 역시 이와 같은 집단 광기(Massenwahn)로 규정하지 않으면 안 된다. 광기 자체를 아직 나누어갖지 않은 사람은 물론 광기를 결코 인식하지 못한다.

인간이 어떻게 행복을 얻으려고 애쓰고 고통을 피하려고 애쓰는가 하는 데 대한 이와 같은 방법들의 열거가 완전하다고 믿지 않으며, 또한 이 열거의 재료는 또 다른 배열을 허락한다는 것을 알고 있다. 내가 아직 말하지 않은 방법이 하나 있는데, 그것을 잊어버렸기 때문이 아니라 또 다른 관계에서 그 방법을 다룰 것이므로 말하지 않은 것이다. 이 삶의 기술의 테크닉을 잊는다는 것이 과연 어떻게 가능할 것인가! 이 테크닉은 독특한 특징들의 가장 눈에 띄는 결합에 의해 두드러진다. 물론 이 테크닉 역시 운명으로부터의 독립—우리는 그것을 가장 적절하게 이렇게 부른다—을 추구하며 이러한 의도에서 내적 정신 과정 속으로 만족을 이전하며 이 과정에서 앞에서 언급한 리비도의 이동 가능성을 이용한다. 그러나 이 테크닉은 외부 세계에 등을 돌리지 않고 반대로 외부 세계의 대상에 집착하며 그 대상에 대한 감정 관계로부터 행복을 얻는다. 이 테크닉은 거기에서 불쾌감을 회피하는, 지쳐버린 체념적 목표로 만족하지 않는다. 오히려 이 테크닉은 그러한 목표에 주의를 기울이지 않고 지나치며 적극적인 행복 실현에 대한 근원적이고 열정적인 노력을 고집한다. 아마도 이 테크닉은 현실적으로 다른 모든 방법들보다 이 목표에 더 가깝게 다가올 것이다. 나는 물론 사랑을 중심적으로 받아들이고 사랑하고 사랑받는 것으로부터 모든 만족을 기다리는 그러한 삶의 방향을 말한다. 그와 같은 정신적 태도는 우리 모두에게 아주 가까이 있다. 사랑의 표현 형태 중 하나인 성적 사랑은 우리에게 압도적인 쾌감을 가장 강렬하게 경험하게 해주었고, 따라서 우리의 행복 추구에 대한 모범을 제공했다. 우리가 처음으로 행복을 만난 길과 똑같은 길에서 행복을 끈질기게 추구하려는 것보다 더 자연스러운 것이 무엇이겠는가! 이 삶의 테크닉의 약점은 너무 분명하다. 그렇지 않다면 행복으로 향한 이 길을 버리고 다른 길을 택할 생각이 어느 누구에게도 떠오르지 않았을 것이다. 우리는 사랑할 때만큼 고통에 대해서 무방비 상태일 경우가 결코 없으며, 사랑하는 대상이나 그 대상의 사랑을 상실했을 때만큼 무력하게 불행할 경우가 결코 없다. 그러나 사랑이 지닌 행복의 가치를 바탕으로 삼은 삶의 테크닉이 그렇게 해서 완전히 해결되는 것이 아니고 이 테크닉에 대해서는 아직 할 말이 많이 남아 있다.

우리는 여기에 다음과 같은 흥미로운 사례를 포함시킬 수 있다. 즉 삶의 행복은 주로 미의 향유(im Genusse der Schönheit)에서 추구된다. 미의 향유에서 미는 인간의 형태와 몸짓, 자연물과 풍경, 예술 작품과 학문적 창조물의 미에 대한 우리의 감각과 판단에서 표현된다. 삶의 목표에 대한 이 미적 태도는 위협적인 고통으로부터 우리를 거의 보호해 주지 못하지만 많은 것을 보상해 줄 수 있다. 미의 향유는 감각을 가볍게 도취시키는 특별한 성격을 가지고 있다. 미가 유용한지는 분명치 않으며 미의 문화적 필연성도 확실치 않지만 우리는 문화에서 미를 빼놓을 수 없을 것이다. 미학이라는 학문은 아름다운 것이 느껴지는 조건들을 탐구한다. 미의 본성과 기원에 관해서 미학은 어떤 해명도 부여할 수 없다. 일반적으로 존재하는 실패는, 크게 울리고 내용이 공허한 말 속에 감추어져 있다. 안타깝게도 정신분석학 역시 미에 관해서는 할 말이 거의 없다는 것을 알고 있다. 성적 감각의 영역으로부터 미가 유래한다는 것이 유일하게 확실한 것으로 여겨진다. 이 영역은 목적 달성이 방해받는 자극의 전형적인 사례일 것이다. '미'와 '매력'은 근원적으로 성적 대상의 특성들이다. 다음의 사실은 주목할 만한 가치가 있다. 즉 성기를 바라보는 것은 언제나 자극적이지만 성기 자체가 아름답다고 평가되는 적은 거의 없다. 그런가하면 미의 성격은 어떤 이차적 성 특징에 부착되어 있는 것처럼 보인다.

…종교는 행복을 얻고 고통을 피하는 방법을 모든 사람들에게 똑같은 식으로 강요하기 때문에 이러한 선택과 적응의 작용에 해를 끼친다. 종교의 테크닉은 삶의 가치를 떨어뜨리고 현실 세계의 모습을 망상으로 왜곡시키는 데 있는데 이는 지성에 대한 위협을 전제로 삼고 있다. 그 대가로 종교는 많은 사람들을 강제로 정신적 유아 상태로 고정시키고 집단 광기로 끌어들임으로써 그들을 개인적 신경증에서 구원했다. 그러나 그 이상의 구원은 없다. 우리가 이미 말한 것처럼 인간이 도달할 수 있는 행복으로 갈 수 있는 많은 길이 존재하지만 확실하게 행복으로 향하는 길은 아무것도 없다. 종교도 자신의 약속을 지킬 수 없다. 결국 신자가 신의 '헤아릴 수 없는 의지'에 관해서 말하지 않을 수 없게 된다면 그는 다음의 사실을 인정한 셈이다. 즉 고통 속에서 마지막 위안 가능성과 쾌감 원천으로

서 그에게 남게 되는 것은 오직 무조건적 복종뿐이다. 그리고 만일 신자가 이러한 자세가 되어 있다면 그는 우회로를 돌아갈 필요가 없었을 것이다.

3.

행복에 관한 우리 연구는 지금까지 잘 알려지지 않은 것에 대해서는 많은 것을 가르쳐주지 않았다. 인간이 행복해지는 것이 왜 이토록 인간에게 어려운가 하는 물음으로 우리가 행복의 탐구를 진전시킨다고 해도 새로운 것을 체험하게 될 전망은 그다지 밝지 않은 것 같다. 우리의 고통을 생기게 하는 세 가지 원천을 지적함으로써 우리는 이미 답을 부여했다. 세 원천은 자연의 막대한 힘, 우리들 자신의 신체의 허약함, 그리고 가족과 국가와 사회에서 인간 상호 관계를 조절하는 제도의 불완전함이다. 앞의 두 원천에 관한 판단은 오래 망설일 수 없다. 우리는 이 고통의 원천을 인정하고 불가피한 것으로 체념할 수밖에 없다. 우리는 결코 자연을 완전히 지배하지 못할 것이고 바로 이 자연의 일부인 우리의 유기체는 적응력과 수행 능력에서 제한된 일시적 조직으로 언제까지나 남을 것이다. 이런 인식이라면 어떤 무기력한 결과도 생기지 않는다. 반대로 이런 인식은 우리의 활동 방향을 지시해 준다. 우리는 모든 고통을 제거할 수는 없지만 많은 고통을 제거할 수 있고 또 다른 고통을 완화할 수 있다. 우리는 수천 년에 걸친 경험으로 이 사실을 확신했다. 세 번째 고통의 원천, 곧 사회적 고통의 원천에 대해서 우리는 다른 태도를 취한다. 우리는 이 원천을 인정하려고 하지 않는다. 우리 자신이 만든 제도가 왜 우리 모두에게 당연한 보호와 이익이 될 수 없는지 알 수 없다. 물론 고통을 막는 바로 이 부분에서 우리가 얼마나 성공하지 못했는지를 생각하면 다음과 같은 의혹이 떠오른다. 즉 여기에는 역시 정복하기 힘든 자연의 일부, 우리 자신의 정신적 상태의 일부가 배후에 숨어 있을지도 모른다.

이 가능성을 다루는 과정에서 우리는 우리가 이 가능성에 머물려고 한다는 매우 놀라운 주장에 부딪친다. 이 주장에 의하면 우리를 비참하게 만드는 대부분의 책임은 소위 우리의 문화(Kultur)[12]에 있다. 만일 우리가 문화를 포기하고 원시 상태로 돌아가 산다면 훨씬 더 행복할 것이다. 나는 앞의 주장을 놀랍다고 말한다. 왜냐하면 ─ 우리가 항상 문화 개념을 어떻게 규정한다고 할지라도 ─ 고통

12) 프로이트는 문화(Kultur)와 문명(Zivilisation)을 같은 의미에서 보고 있다. 인간의 정신적, 물질적 업적이 문화다.

의 원천에서 생기는 위협에 대항해 우리 자신을 지키기 위해 추구하는 모든 것은 이를테면 바로 문화에 속한다는 사실이 확실하기 때문이다.

어떤 과정에서 그토록 많은 사람들이 이러한 기묘한 문화 적대감이라는 입장에 도달했을까? 내 생각은 다음과 같다. 그때그때의 문화 상태에 대한 심원하고도 장기간에 걸친 불만은 특정한 역사적 계기에 있어서 비난이 제기되는 토대를 마련했다. 이 계기들 중 마지막 계기와 그 이전의 계기를 알고 있다고 믿는다. 나는 그 계기들의 사슬을 인류 역사의 초기로 충분히 거슬러 올라가 추적할 정도로 제대로 배우지 못했다. 이미 이단 종교들에 대한 기독교의 승리에 그와 같은 문화 적대적 요인이 분명히 간섭했을 것이다. 그 요인은 지상의 생활을 평가절하한 기독교 교리와 매우 밀접하게 관련되어 있었다. 마지막에서 두 번째 계기는 미지 세계를 발견하는 여행길에서 우리가 원시 민족과 종족들을 접촉했을 때 발생했다. 유럽인들은 이들의 윤리와 관습을 충분히 관찰하지 못하고 제대로 파악하지 못했기 때문에, 유럽인들이 보기에 문화적으로 우월한 방문객들이 다가갈 수 없는 단순하고 욕심이 없으며 행복한 삶을 영위하는 것처럼 보였다. 나중의 경험은 이런 종류의 많은 판단을 바로잡았다. 수많은 경우 자연과 쾌적함의 관용이 주된 욕망의 만족에 근거를 두는 삶의 안심의 표준을 우리는 복잡하게 얽힌 문화적 요구가 없는 탓으로 잘못 생각했다. 우리는 최근의 계기를 특히 잘 알고 있다. 이 계기는 문화인의 작은 행복을 무너뜨리려고 위협하는 신경증의 메커니즘을 알게 되었을 때 나타났다. 우리는 다음 사실을 발견했다. 사회가 자신의 문화적 이상을 실현하려고 강요하는 욕망 거부의 표준을 참지 못하기 때문에 인간은 신경증 환자가 된다. 이로부터 우리는 사회의 이러한 요구들을 폐지하거나 상당히 줄이면 다시 행복으로 돌아갈 가능성이 있다고 결론 내린다.

게다가 여전히 또 하나 실망의 계기가 존재한다. 지난 몇 세기 동안 인류는 자연과학과 그것의 기술적 응용에서 놀랄 만큼 진보했고 이전에는 상상할 수 없던 방식으로 자신의 자연에 대한 지배권을 확립했다. 개별적인 이 진보들은 일반적으로 알려져 있으며 그것들을 열거할 필요는 없다. 인류는 이러한 진보의 성취를 자랑스럽게 여기며 그럴 권리를 가지고 있다. 그러나 인류는 다음의 사실을 주목했다고 믿는다. 즉 새롭게 획득한 공간과 시간에 대한 지배력, 자연력의 지배, 수천 년에 걸친 동경의 충족은 인류가 삶에서 기대하는 정도의 쾌감 만족을 고양시키지 못하며 쾌감 만족의 느낌에 따라서 인류를 더 행복하게 만들지도 못했다. 이런 확인을 통해 우리는 자연을 지배하는 힘이 실로 문화적 노력의 유일한 목표가 아니듯 그것은 인간 행복의 유일한 조건도 아니라는 결론을 이끌어내는 것으로 만족해야 한다. 그런데 우리의 행복 경제학을 위해서 기술적 진보가 무가치하다고 추론해서는 안 된다. 우리는 다음처럼 반박하고자 한다. 만일 내가 임의적으로 자주 내게서 수백 킬로미터 떨어져서 살고 있는 아이의 목소리를 들을 수 있다면, 친구가 항구에 도착한 후 그가 길고 험한 여행을 훌륭히 마쳤다는 것을 가장 빠른 시간 안에 알 수 있다면 그것은 적극적인 쾌감 획득, 그리고 의심할 수 없는 명백한 행복감의 증대가 아니겠는가? 의학이 유아의 사망률과 산욕열의 위험을 두드러지게 줄이고 문화인의 평균수명을 몇 년씩이나 눈에 띄게 연장하는 데 성공한 것은 아무런 의미도 없는가? 많은 경멸을 받는 학문적, 기술적 진보 시대에서 유래하는 그러한 이익 중에서 우리는 여전히 수많은 이익을 열거할 수 있다. 그러나 여기에서 비관주의적 비판의 목소리가 들리며 다음처럼 경고한다. 즉 대부분의 이러한 만족들은 특정한 일화에서 찬양되는 저 '싸구려 즐거움'을 모방한다는 것이다. 우리는 추운 겨울밤 이불에서 벌거벗은 다리를 빼냈다가 도로 집어넣으면서 그와 같은 즐거움을 얻는다. 만일 먼 거리를 극복하는 철도가 없었다면 아이는 결코 고향을 떠나지 않았을 것이고 우리는 아이의 목소리를 듣기 위해 전화를 필요로 하지도 않았을 것이다. 대양을 건너는 배 여행이 도입되지 않았더라면 친구는 항해를 떠나지 않았을 테고 친구에 대한 내 걱정을 가라앉히기 위해 친구가 도착했다는 전보를 받을 필요도 없었을 것이다. 유아 사망률의 감소가 우리에게 무슨 소용이 있는가? 우리에게 출산을 무엇보다도 특히 제약하는 것은 유아 사망률 감소이므로 유아 사망률이 줄었지만 전체적으로 우리가 양육할 자녀의 수는 위생학이 지배하기 전과 마찬가지다. 그러나 우리들 부부의 성생활은 어려운 조건 아래로 들어왔고 아마도 자연도태의 이익도 줄어들었는데 유아 사망률의 감소가 우리에게 무슨 소용이 있는가? 긴 인생이 힘들고 기쁨이 없으며 너무 고통으로 가득 차서 죽음을 유일한 구원자로만 환영할 수 있는 정도라면 결국 긴 인생이 우리에게 무슨 가치가 있단 말인가?

다음의 사실은 확실한 것처럼 보인다. 즉 우리 스스로가 오늘날의 문화에서 편안함을 느끼지 못하지만 과거의 인간들이 지금보다 더 행복하게 느꼈는지 그들의 문화 조건들이 행복의 문제에서 어떤 역할을 했는지의 여부에 관해 판단하는 것은 지극히 어렵다. 항상 우리는 비참함을 객관적으로 파악하려는 경향, 즉 우리 자신의 주장과 감수성을 가지고 우리를 그들의 조건에 놓은 다음 행복감과 불행감으로 향하는 어떤 동기를 그들에게서 발견하는지를 검토하려는 경향을 가질 것이다. 이러한 관찰 방식은 다양한 주관적 민감함을 무시하기 때문에 객관적인 것처럼 보이지만 알지 못하는 다른 모든 사람들의 정신 상태 대신 자신의 정신 상태를 놓기 때문에 물론 가장 주관적이다. 그러나 행복은 전적으로 주관적인 것이다. 우리가 어떤 상황에서든, 즉 고대의 갤리선 노예, 30년 전쟁에서의 농민, 신성한 종교재판의 희생자, 대학살을 기다리는 유태인 등의 상황이라면 두려움에 차서 뒷걸음질 치게 될 것이고 인간적으로 공감한다는 것은 불가능하다. 근원적인 둔감함, 점진적인 망연자실, 기대의 포기, 쾌감과 불쾌감에 대한 거칠지만 정교한 방식의 마비를 초래하는 변화들을 알아맞히는 것은 불가능하다. 또한 가장 크게 고통을 느낄 수 있는 경우 특정한 정신적 보호 장치가 작용한다. 내가 보기에 문제의 이러한 국면을 계속해서 추구하는 것은 이득이 없을 것이다.

이제는 그 행복 가치가 의심의 대상이 된 문화의 본질에 관심을 돌려야 할 때다. 탐구해서 알아내기 이전까지는 이러한 문화의 본질을 몇 마디로 표현하는 어떤 공식도 찾지 못할 것이다. 따라서 다음과 같은 사실을 반복해서 말하는 것으로 충분하다.[13] '문화(Kultur)'라는 단어는 짐승과 같은 우리의 조상의 삶과 우리의 삶을 구별하고 인간을 자연으로부터 보호하고 인간 상호 간의 관계를 조정하는 성취와 규제의 총량을 지시한다. 보다 더 많은 것을 이해하기 위해 인간 공동체에서 나타나는 문화의 특징들을 하나씩 모아보기로 하자. 이 특징을 모으는 데 있어서 우리는 언어 관습 또는 우리가 흔히 말하듯 언어 감각의 안내를 받는 것을 전혀 개의치 않는다. 우리는 다음의 사실을 확신한다. 즉 우리는 언어 관습의 안내로 추상적인 단어 표현을 여전히 거부하는 내면적 통찰을 정당하게 취급하게 된다.

첫 도입은 쉽다. 우리는 지구를 인간에게 유용한 것으로 만들고 인간을 자연력의 폭력에서 보호하는 등 인간에게 도움이 되는 모든 활동과 가치를 문화적인 것으로 인정한다. 이 문화적인 국면에 관해서는 거의 의심의 여지가 없다. 충분히 과거로 거슬러 올라가면 최초의 문화적 행위들은 도구의 사용, 불의 지배, 주거지의 건축이었다. 이것들 중 불의 지배는 특별하고도 유례없는 성취로 두드러

13) (지은이 주) 〈환상의 미래〉(1927)를 참조할 것(전집 14권).

진다.[14] 인간은 다른 두 가지를 가지고 그 후 계속해서 추구한 길들을 개척했다. 그 길들을 자극한 것은 쉽사리 알아챌 수 있다. 인간은 자신의 모든 도구를 가지고 자신의 신체 기관－감각기관과 마찬가지로 운동기관－을 완전하게 하거나 아니면 신체 기관의 기능에 대한 제한을 제거한다. 발동기는 인간에게 거대한 힘을 사용하게 하는데 인간은 그 힘을 마치 자신의 근육처럼 어느 방향으로든 쓸

14) (지은이 주) 정신분석학의 자료는 불완전하므로 확실하게 해석할 수 없지만 적어도 인간의 이 위대한 업적의 기원에 관해서－공상적으로 들리는－추측이 가능하다. 원시인은 불을 만나면 자신의 오줌 줄기로 불을 끔으로써 불에 대한 유아적 쾌감을 만족시키는 습관이 있었던 것 같다. 날름거리며 높이 솟아오르는 불길이 근원적인 남근으로 파악된 것은 현존하는 전설에 따르면 확실하다. 오줌에 의한 불 끄기－나중에 거인이 되어 소인국으로 간 걸리버와 라블레의 가르강튀아(Gargantua) 역시 이 주제로 되돌아간다－는 남성과의 성행위와 같은 것이었으며 동성애적 경쟁에 있어서 남성적 능력을 향유하는 것이었다. 제일 먼저 이런 쾌감을 포기하고 불을 살린 사람은 불을 가지고 와서 유용하게 사용할 수 있었다. 그는 자기 자신의 성적 자극의 불을 끔으로써 불이라는 자연력을 길들였다. 따라서 이 위대한 문화적 정복은 충동 포기에 대한 보상이었을 것이다. 더 나아가서 사람들은 화덕에 갇혀 있는 불을 지키는 역할을 여자에게 맡겼을 것이다. 왜냐하면 여자의 해부학적 구조상 오줌으로 불 끄는 쾌감 추구가 나타나지 않기 때문이다. 정신분석학의 경험이 매우 규칙적으로 공명심과 불과 요도애(尿道愛)의 관계를 증명한다는 사실 역시 주목할 만한 가치가 있다.

수 있다. 그 힘은 배와 비행기를 만들어서 물이나 공기도 배와 비행기가 앞으로 나아가는 것을 방해할 수 없다. 인간은 자신의 눈에 생긴 수정체의 결함을 안경으로 교정한다. 인간은 먼 곳을 망원경으로 보며 현미경을 가지고 망막의 구조에 의해서 설정되는 시력의 한계를 극복한다. 인간은 사진기라는 도구를 발명해 일시적인 시각 인상을 보존하게 되었고 축음기를 발명해 마찬가지로 일시적인 청각 인상을 보존하게 되었다. 이들 두 가지는 근본적으로 인간에게 주어진 회상 능력, 곧 기억 능력의 구체화다. 전화의 도움으로, 인간은 목소리로 도달할 수 없다고 여겼던 먼 거리로부터 소리를 듣는다. 글은 원래 그 자리에 없는 사람의 말이고, 집은 인간이 안전함과 상당한 편안함을 느끼는, 아마도 언제까지나 동경했을 최초의 거처인 자궁의 대용품이다.

인간이 자신의 학문과 기술에 의해 지구에 설립한 것은 마치 동화처럼 들릴 뿐만 아니라—아니, 거의 모든—동화적 소망의 직접적 실현이다. 처음에 인간은 연약한 짐승으로 지구에 등장했으며 각 개인은 태어날 때마다 다시금 무력한 젖먹이로—오, 자연의 너무 작은 존재여!(oh inch of nature!)—지구에 들어서지 않으면 안 된다. 인간은 이 모든 소유물을 문화적 획득물로 주장할 수 있다. 오래전부터 인간은 전지전능이라는 이상적 표상을 형성했고, 그것은 자신의 신들에서 구체화되었다. 그는 자신이 소망해도 도달할 수 없는 것으로 여겨지거나 아니면 자신에게 금지된 모든 것을 신들에게 귀속시켰다. 따라서 우리는 이 신들이 문화이상들(Kulturideale)이었다고 말할 수 있다. 현재 인간은 이 이상에 매우 가깝게 도달해 그 자신이 거의 신으로 되었다. 물론 그것은 우리가 일반적으로 인간적인 판단에 따라서 이상에 도달하려고 애쓰는 한에 있어서만 그러하다. 인간은 완전하게 이상에 도달하지 못한다. 즉 몇 가지 부분에서는 전혀 이상에 도달하지 못하며, 다른 부분에서는 단지 절반만 이상에 도달한다. 말하자면 인간은 일종의 인조신(人造神)이 되었다. 만일 인간이 자신의 모든 보조 기관을 장착하면 그는 정말로 대단하다. 그러나 그런 보조 기관들은 인간과 함께 성장하지 못했으며 아직도 때에 따라서는 인간에게 수많은 어려움을 가져다준다. 어떻든 인간은 이러한 발달이 바로 서기 1930년과 함께 끝나지 않으리라는 사실로 자위해야 한다. 미래에는 이러한 문화영역에서 아마도 상상할 수 없이 위대하고 새로운 진보가 이루어질 것이고 인간은 훨씬 더 신을 닮아갈 것이다. 그러나 우리의 연구를 위해서 오늘날의 인간이 신과 유사함에도 불구하고 스스로 행복감을 느끼지 못한다는 것을 잊지 말기로 하자.

따라서 인간에 의한 지구 개발에, 그리고 자연력에 대한 인간 보호에, 말하자면 인간에게 유용한 모든 것을 인간이 돌보고 합목적적으로 배려하는 그러한 나라의 높은 문화 수준을 우리는 인정한다. 그런 나라에서는 범람할 우려가 있는 하천의 흐름을 조절하고 수로를 통해서 강물을 물이 부족한 곳으로 보낸다. 토지는 조심스레 경작되며 토지에 적합한 작물이 재배된다. 지하의 광물자원은 부지런히 굴착되어 필요한 도구와 기구로 가공된다. 교통수단은 풍부하고 빠르며 믿을 만하다. 위험한 야생동물은 멸종되었고 가축 사육은 번창한다. 그러나 우리와 문화에 또 다른 요구를 제시하며, 높은 문화 수준의 나라에서 특히 이 요구가 실현된 것을 발견하기를 바란다. 우리가 제일 먼저 제기한 주장을 부정하려고 하는 것처럼, 사람들이 전혀 쓸모없는 것, 오히려 무가치하게 보이는 것에 관심을 기울이는 것을 보면 우리는 그것 역시 문화적인 것으로 기꺼이 받아들인다. 예컨대 도시에서 운동장과 녹지대와 화단이 배치되거나 주택의 창문이 화분으로 장식되는 것은 문화적이다. 우리는 문화가 이 쓸모없는 것을 높이 평가하기를 기대한다. 우리는 이 쓸모없는 것이 아름다움이라는 것을 즉시 안다. 우리는 문화인이 자연에서 만나는 아름다움을 존중하기를, 그리고 그의 수작업이 대상을 만들 수 있는 한에 있어서 대상에 아름다움을 창조하기를 요구한다. 우리가 문화에 대해서 요구하는 것이 이 정도로 끝났다고 하기에는 아직 요구할 것이 많다. 우리가 여전히 청결과 질서의 징표를 보자고 요구한다. 스트랫퍼드에 있는 셰익스피어의 생가 문 앞에 퇴비 더미가 높이 쌓여 있었다는 것을 읽으면, 우리는 셰익스피어 당시 영국 지방 도시의 문화를 높게 생각하지 않는다. 우리는 빈 숲(Wiener Wald) 속에 사람들이 버린 휴지가 흩어져 있는 것을 보면 분개하면서 '야만적'이라고 야단친다. 야만적은 문화적의 반대말이다. 우리가 보기에 모든 종류의 불결함은 문화와 함께 있을 수 없는 것 같다. 우리는 청결에 대한 요구를 인간의 신체로까지 확대한다. 우리는 태양왕(Roi Soleil)[15]이 얼마나 심하게 악취를 풍겼는지 들으면 놀라며, 이솔라 벨라(Isola bella)[16]를 방문해 나폴레옹이 아침 세수를 위해서 사용한 작은 세숫대야를 보면 머리를 뒤흔든다. 정말 어떤 사람이 비누 사용량을 직접 문화의 척도로 제시해도 우리는 놀라지 않는다. 청결과 마찬가지로

15) 태양왕: 루이 14세를 말한다.

16) 이솔라 벨라: 마조레 호수에 있는 섬

전적으로 인간의 일에 관계하는 질서도 비슷하다. 그러나 우리가 자연에서 청결을 기대할 수 없는 반면에 질서는 오히려 자연을 흉내 냈다. 놀라운 천문학적 규칙성에 대한 관찰은 인간에게 본보기를 제공했을 뿐만 아니라 그의 삶으로 질서를 도입하는 최초의 근거를 부여했다. 질서는 일종의 반복 강박인데 언제, 어디서, 어떤 것을 행해야 할지의 규칙이 일단 정해지면 우리는 모든 동일한 경우에 주저하지 않고 동요하지 않게 된다. 질서의 이익은 전적으로 부인할 수 없다. 질서 때문에 인간은 공간과 시간을 가장 잘 이용할 수 있는가 하면 질서는 인간의 정신력을 보호해 준다. 우리는 질서가 처음부터 인간의 행위 안에 쉽게 자리 잡았으리라고 기대할 권리를 가질 수 있을 것이다. 그러나 사실은 그렇지 않았고 오히려 인간은 게으르고 불규칙하며 불성실한 자연적 경향을 자신의 작업에서 드러내고 우주의 본보기를 모방하기 위해 힘들게 훈련하지 않으면 안 된다는 사실은 놀라운 일이다.

아름다움과 청결과 질서는 분명히 문화의 요구들 중에서 특별한 지위를 점하고 있다. 이것들이 자연력의 지배처럼, 그리고 우리가 당연히 알아야 할 또 다른 계기들처럼 그렇게 삶에 중요하다고는 아무도 주장하지 않겠지만 이것은 부수적인 것으로 기꺼이 뒤로 제쳐놓으려고 하는 사람도 없을 것이다. 문화가 오로지 유용한 것만을 고려하는 것이 아니라는 점은 이미 우리가 문화의 관심 아래에서 배제하지 않으려고 하는 아름다움의 예에서 드러났다. 질서의 유용함은 전적으로 명백하다. 청결에 관해서도 우리는 위생학이 청결을 요구한다는 점을 명심해야 하며 우리는 과학적인 질병 예방 시대 이전에도 인간들이 청결과 위생의 이러한 관계를 전혀 모르지 않았으리라고 추측할 수 있다. 그러나 유용성만 가지고는 청결에 대한 노력을 완전히 설명할 수 없다. 다른 어떤 것이 여전히 작용하고 있는 것이 분명하다.

그러나 우리는 고도의 정신 활동, 곧 지적 · 학문적 · 예술적 성취, 인간의 삶에서 이념들에 부여되는 지도적 역할에 대한 평가와 격려를 통해서 문화를 특징짓는 것 말고는 다른 어떤 특성에 의해서도 문화를 특징지을 수 없다. 이 이념들 중에서 가장 중요한 것은 종교 체계다. 나는 다른 곳에서[17] 종교 체계의 복잡한 구조를 밝히려고 했다. 종교 체계 다음으로 중요한 것은 철학적 사색이고 마지막으로 중요한 것은 우리가 인간의 이상 형상이라고 부를 수 있는 것이다. 인간의 이상 형상은 개인이나 민족 또는 인

17) 〈환상의 미래〉

류 전체가 도달 가능한 완전성에 관한 인간의 표상과 그러한 표상을 근거 삼아 인간이 제시하는 요구들이다. 이러한 창조물들은 서로 독립적이지 않고 오히려 서로 밀접하게 얽혀 있다는 사실은 그것들에 관한 설명을 어렵게 할 뿐만 아니라 그것들의 심리적 기원도 설명하기 어렵게 만든다. 모든 인간 행동의 충동은 이익과 쾌감 획득이라는 함께 흐르는 두 가지 목표를 얻기 위한 노력이라고 우리가 아주 일반적으로 가정한다면, 우리는 이것을 지금까지 논의해 온 문화적 표현에도 적용되게 하지 않으면 안 된다. 물론 이 충동을 쉽사리 알아볼 수 있는 활동은 오로지 학문적, 예술적 활동뿐이긴 하다. 그러나 우리는 단지 소수의 사람들만이 가지고 있는 그러한 다른 활동들이 아마도 인간의 강한 욕구에 대응한다는 것을 의심할 수 없다. 우리는 또한 이 종교들, 철학 체계들, 이상들의 특정한 것에 관한 가치판단에 현혹되어서는 안 된다. 우리가 그것들 안에서 인간 정신의 최고의 성취를 찾든지 아니면 그것들을 잘못된 과실이라고 한탄하든지 간에 우리는 그것들의 현존, 특히 그것들의 우월은 고도의 문명 상태를 뜻한다는 점을 인정하지 않으면 안 된다.

확실히 다른 것과 마찬가지로 매우 중요한 문화의 마지막 특징을 우리가 평가하지 않으면 안 된다. 그것은 인간 상호 관계, 곧 사회적 관계를 규제하는 방식이다. 사회적 관계는 인간을 이웃으로, 도움을 줄 수 있는, 다른 인간의 성적 대상으로, 그리고 가족과 국가의 구성원으로 취급한다. 특정한 이상적 욕구를 배제하고 문화적인 것을 파악하는 것은 여기에서 어렵게 된다. 우리는 아마도 문화적 요소가 이와 같은 사회적 관계를 규제하려는 최초의 시도와 함께 주어지리라는 설명을 출발점으로 삼을 것이다. 그와 같은 시도가 이루어지지 않으면 사회관계는 각 개인의 임의에 속하게 될 것이다. 즉 신체적으로 더 강한 사람이 자신의 이해관계와 충동 자극의 의미에서 사회관계를 결정할 것이다. 이 강한 사람이 자기보다 한층 더 강한 사람을 만난다고 해도 상황은 전혀 변하지 않는다. 인간의 공동생활은 개인보다 더 강한 다수가 모여 모든 개인들에 대항해 집단을 이룰 때 비로소 가능하게 된다. '거친 폭력'으로 매도되는 개인의 힘에 대해 이 공동체의 힘은 이제 '권리'로 제시된다. 이처럼 개인의 힘이 공동체의 힘에 의해서 대치되는 것은 결정적인 문화적 행보다. 공동체 구성원들이 자기들의 만족 가능성을 제한했음에 비해서 개인은 그러한 제한을 전혀 몰랐다는 사실 안에 문화의 본질이 존재한다. 따라서 첫 번째 문화적 요구는 정의의 요구, 즉 일단 만들어진 법질서는 다시금 개인을 위해 파괴되지 않아야 한다는 보장이다. 이것을 가지고는 그러한 권리의 윤리에 관해서 결정되지 않는다. 문화 발달의 또 다른 길은 다음의 사실을 향해 나아가려는 것처럼 보인다. 즉 이 권리는 더 이상 폭력적인 개인처럼 또 다른, 아마도 포괄적인 그러한 대중에 다시금 비례하는 작은 공동체－계급이나 인구 계층이나 민족－의 의지 표현이 아니다. 그 최종 결과는 당연히 권리일 것이고 모든 사람들은 자신들의 충동을 희생해서 적어도 공동체 생활이 가능한 모든 사람들은 권리에 기여했으며, 다시금 공동체 생활이 불가능한 사람들을 제외하고는 아무도 거친 폭력의 희생이 되지 않는다.

개인의 자유는 결코 문화재(Kulturgut)가 아니다. 개인의 자유는 모든 문화 이전에 가장 컸으며 당시는 개인이 전혀 자유를 지킬 수 없었기 때문에, 물론 자유는 대부분 가치가 없었다. 문화 발달을 통해서 개인의 자유는 제한을 경험하며, 정의는 모든 사람이 이 제한을 따르기를 요구한다. 인간 공동체 안에서 자유에 대한 열망으로서 움직이는 것은 현존하는 불의에 대한 반항일 수 있으며, 따라서 계속되는 문화 발달에 이익이 될 수 있고 문화와 함께 유지될 수 있다. 그러나 자유에 대한 열망으로서 움직이는 것은 또한 문화에 의해서 길들여지지 않은 원래의 개성의 여분으로부터 생길 수도 있고, 따라서 문화에 대한 적개심의 토대가 될 수도 있다. 따라서 자유에 대한 열망은 문화의 특정한 형태와 주장 아니면 문화 일반에 저항한다. 어떤 영향력을 통해서도 우리는 인간의 본성을 흰개미의 본성으로 바꿀 수 없는 것 같다. 물론 인간은 언제나 집단의 의지에 저항해 자신의 개인적 자유에 대한 주장을 옹호할 것이다. 인류의 노력 중에서 상당 부분은 이러한 개인적 주장과 문화적인 집단의 주장 사이의 합목적적인, 곧 행복하게 해주는 타협안을 찾아내는 과제에 집중되어 있다. 특정한 문화 형태를 통해서 이러한 타협안에 도달할 수 있는지 아니면 이 갈등은 타협 불가능한지의 여부는 인류의 운명이 가진 문제들 중의 하나다.

우리는 일반인의 느낌으로 하여금 인간 생활의 어떤 특징이 문화적이라고 일컬어지는지를 말하게 함으로써 문화의 전체상에 대한 명확한 인상을 얻었다. 물론 일반적으로 알려지지 않은 것은 아무것도 경험하지 못했다. 여기에서 우리는 문화가 완성과 똑같은 의미를 가지고 있으며, 인간에게 예시된 완전함으로 가는 길이라는 편견에 사로잡히지 않도록 조심했다. 그러나 이제 또 다른 어떤 곳엔가로 향할지도 모를 관점이 우리에게 밀려온다. 문화 발달은 우리가 보기에 인류가 겪는 독특한 과정인 것 같으며, 그 과정에서 많은 것들은 우리에게 친숙한 것처럼 느껴진다. 우리는 이러한 과정이 잘 알려진 인간의 충동 기질을 가지고 행하는 변화에 의해 이 과정을 특징지을 수 있다. 그렇지만 이 충동 기질을 만족시키는 것이 우리의 삶의 경제적 과제다. 이 충동들 중 한두 가지는 그 대신 우리 각각의 개인에게 있어서 성격이라고 기술하는 어떤 것이 나타나는 그런 방식으로 처리된다. 이러한 과정의 가장 두드러진 사례를 우리는 젊은 사람들의 항문 성애(Analerotik)에서 발견했다. 배설 기능과 배설기관, 그리고 배설물에 관한 어린이의 원래 관심은 성장 과정에서 절약 및 질서와 청결의 의미로 우리에게 알려져 있는 일단의 특징들로 변한다. 이 특징들은 그 자체로는 충분히 가치가 있고 환영할 만하지만 두드러지게 강해질 수 있고, 그러면 우리가 항문성격이라고 부르는 것을 생기게 할 수 있다. 어떻게 그런 일이 생기는지 우리는 모르지만 이러한 관점이 옳다는 것에는 의심의 여지가 전혀 없다.[18] 질서와 청결이 생명에 필수적인지는 밝혀지지 않았고 마찬가지로 그것들이 쾌감의 원천이 될 수 있는지도 밝혀지지 않

18) (지은이 주) 《성격과 항문 성애》(1908), 전집 7권 및 존스(E. Jones)와 다른 사람들이 쓴 수많은 논문들을 참조할 것.

았지만 우리는 이제 그것들이 본질적인 문화의 요구라는 점을 발견했다. 이 시점에 우리는 문화 과정과 개인의 리비도 발달의 유사성을 우선 깨닫지 않을 수 없다. 다른 충동들은 그것들의 만족 조건을 다른 곳으로 향하도록 이끌 수 있다. 이 과정은 대부분의 경우 승화(충동 목표)와 함께 일어나며, 또 다른 경우에는 승화로부터 분리된다. 충동의 승화는 특히 두드러진 문명 발달의 특징이다. 충동의 승화는 고도의 정신적 활동으로 하여금, 곧 학문적 · 예술적 · 이데올로기적 활동으로 하여금 문화생활에서 매우 중요한 역할을 행할 수 있게끔 한다. 만일 우리가 첫인상에 따른다면, 승화란 도대체가 문화에 의해서 강요된 충동의 운명일 것이라고 우리는 말하게 된다. 그러나 우리는 이 점에 관해서 좀 더 길게 심사숙고하는 것이 좋을 것이다. 결국 가장 중요한 것으로 여겨지는 세 번째 사항은 문화가 충동 포기에 어느 정도 의존하는지, 문화가 강한 충동들을 얼마나 많이 충족시키지 못하는지(억압, 억제 또는 다른 어떤 것으로)를 간과하는 것은 불가능하다는 점이다. 이 '문화적 충동 거부'는 인간의 사회관계의 대부분의 영역을 지배한다. 이미 우리가 알고 있는 것처럼 충동의 거부는 모든 문화들이 대항해 투쟁하지 않으면 안 되는 적개심의 원인이다. 충동의 거부는 또한 우리의 학문적 연구에 중요한 요구를 제시할 것이며 우리는 그것에 대해서 많이 해명하지 않으면 안 된다. 우리는 어떻게 해서 충동으로부터 만족을 제거하는 것을 가능하게 만드는지 쉽사리 이해할 수 없다. 그 일을 위험하지 않게 할 수는 없다. 만일 우리가 그것을 경제적으로 보상하지 않으면 우리는 심각한 정신적 장애를 겪을 수 있다.

그러나 개인의 정상적 성숙에 비해 문화 발달을 특별한 과정으로 보는 우리의 견해가 어떤 가치를 주장할 수 있는지를 알고자 한다면 또 다른 문제를 탐구하기 시작하지 않으면 안 되며, 문화 발달은 자신의 원천으로부터 어떤 영향을 받았는지, 문화 발달은 어떻게 생겨났고 그 과정은 무엇에 의해서 결정되었는지를 자문하지 않으면 안 된다.

4.

나는《토템과 금기》에서 이 가족으로부터 형제 연합의 형태를 가진 공동생활의 다음 단계로 진행하는 과정을 제시하려고 했다. 이들은 아들들에게 있어서 아버지를 제압하는 데 개인보다는 연합이 훨씬 더 강할 수 있다는 사실을 경험했다. 토템 문화는 새로운 상태를 유지하기 위해서 서로에게 부과하지 않으면 안 되었던 제약을 근거로 삼고 있다. 금기의 규정들은 최초의 '법(Recht)'이었다. 인류의 공동생활은 이중적 근거를 가지고 있었는데, 외적 필요성이 만든 노동에 대한 강요와 사랑의 힘이 그것이다. 사랑의 힘은 남자 편에서 성적 대상인 여성을 빼앗기지 않도록 했고, 여자 편에서는 자신이 출산한 분신인 자식을 빼앗기지 않게끔 만들었다. 사랑(Eros)과 숙명(Ananke)은 또한 인류 문화의 부모가 되었다. 문화의 첫 번째 결과는 이제 매우 많은 수의 사람들도 공동체 안에서 살 수 있다는 것이었다. 그런데 사랑과 숙명이라는 두 가지 위대한 힘이 여기에 함께 작용했기 때문에 우리는 다음처럼 기대할 수 있을 것이다. 즉 계속해서 문화의 발달은 외부 세계를 언제나 더 잘 지배하고 공동체에 속하는 사람의 수를 더욱더 증대시키면서 순조롭게 이루어질 것이다. 이러한 문화가 어떻게 그 구성원들에게 행복하게 하는 것 이외의 다른 영향을 미칠 수 있는지는 쉽사리 이해가 가지 않는다.

어디에서부터 장애가 생길 수 있는지를 조사하기에 앞서서 앞의 논의에서 남아 있던 공백을 메우기 위해서 사랑을 문화의 근거로 인식하는 사실을 통해서 본론을 벗어나 보기로 하자. 우리는 다음처럼 말했다. 즉 성적인 (생식기의) 사랑이 인간에게 가장 강한 만족 체험을 보장하고 실제로 모든 행복의 전형을 제공한다는 경험은 분명히 인간이 성적 관계의 영역에서 계속해서 삶의 행복 만족을 추구하고 생식기 성애(die Genitale Erotik)를 삶의 중심점에 세우게 했을 것이다. 우리는 계속해서 다음처럼 말한다. 즉 우리는 이렇게 해서 외부 세계의 일부, 곧 선택된 사랑의 대상에 위험하게 의존하게 되며 이 사랑의 대상으로부터 경멸당하거나 배신 또는 죽음에 의해 사랑의 대상을 상실하면 가장 강한 고통을 맛보게 된다. 그렇기 때문에 모든 시대의 현자들은 이러한 삶의 방법을 버리라고 강하게 충고했다. 그럼에도 불구하고 이런 생활 방법은 다수의 인간 어린이들에게 그 매력을 잃지 않고 있었다.

소수의 사람들은 타고난 기질에 의해 사랑에서 행복을 찾는 것이 가능하게 된다. 그러나 그러기 위해서는 사랑의 기능이 광범위하게 정신적으로 변화하는 것이 필수적이다. 이 사람들은 중심 가치를 사랑받는 것으로부터 고유한 사랑으로 돌리고 사랑의 대상에 대한 동의로부터 독립한다. 이 사람들은 자기의 사랑을 개별 대상이 아니라 모든 사람들에게 똑같이 주기 때문에 대상의 상실에 대해서 자신을 보호한다. 그리고 이 사람들은 성애의 성적 목표를 떠나서 충동을 목표 달성이 금지된 자극으로 변화시킴으로써 생식기에 의한 사랑의 불확실성과 좌절을 피한다. 이 사람들이 그런 식으로 자신에게 가져오는 것, 곧 동요하지 않고 견고하며 애정 어린 상태는 이 상태의 모체가 되는 폭풍 치는 성기적 사랑의 삶과는 외적 유사성이 거의 없다. 아시시의 성 프란체스코는 내면적 행복감을 위해 이렇게 가장 많이 사랑을 이용했을 것이나, 우리가 쾌락 원리를 충족시키는 기술들 중 하나로 인정하는 사랑은 또한 여러 가지로 종교와 관계를 맺게 되었다. 자아와 대상의 구분, 그리고 대상들 서로의 구분이 무시되는 저 멀리 떨어진 지역에는 이런 관계가 존재할 수도 있다. 우리에게 그보다 더 심원한 동기가 명백하게 드러날 어떤 윤리적 고찰은 보편적인 인류애와 세계애에 대한 이러한 준비에서 인간이 도달할 수 있는 최고의 경지를 나타낸다. 여기에서 우리는 두 가지 주된 의심을 제기하고 싶다. 대상을 선택하지 않는 사랑은 대상에게 옳지 않게 행동하기 때문에 우리가 보기에 그 자체의 고유한 가치의 일부를 상실하는 것 같다. 그리고 더 말하자면 모든 인간들이 다 사랑받을 가치가 있는 것은 아니다. 가족의 토대를 이룩한 저 사랑은 자신의 근원적 형태 안에 남아 있다. 그 형태 안에서 사랑은 직접적인 성적 만족을 포기하지 않으며 목표 달성이 금지된 애정으로서 자체가 변화해 문화 안에서 계속 작용한다. 사랑은 두 가지 형태에서 상당히 많은 수의 사람들을 서로 결속시키는 자신의 기능을 계속해서 행하며, 노동 공동체의 이익이 가져올 수 있는 것보다 한층 더 강하게 사람들을 결속시킨다. 언어가 '사랑(Liebe)'이라는 단어를 부주의하게 사용하는 것은 그 단어의 발생 근거를 보면 안다. 우리는 성기적 욕망을 바탕으로 삼고 가족을 이룬 남자와 여자의 관계를 사랑이라고 부른다. 그러나 우리가 그 관계를 목표 달성이 금지된 사랑이나 애정으로 기술하지 않으면 안 된다고 할지라도 가족 안에서 부모와 자식 간의, 형제자매 간의 적극적인 감정을 우리는 사랑이라고 부른다. 목표 달성이 금지된 사랑은 원래 완전히 관능적 사랑이었으며 인간의 무의식 속에서도[19] 언제까지나 관능적 사랑이다. 완전히 관능적인 사랑과 목표 달성이 금지된 사랑 두 가지는 가족 밖으로 확대되고 지금까지 낯설던 사람들과의 새로운 결속을 형성한다. 성기적 사랑은 새로운 가족 형성에 이르며, 목표 달성이 금지된 사랑은 성기적 사랑의 여러 가지 한계, 예컨대 배타성을 피할 수 있기 때문에 문화적으로 중요하게 되는 '우정'에 도달한다. 그러나 문화에 대한 사랑의 관계는 발달 과정에서 그

19) 'im Unbewußten'을 '무의식 속에서'라고 옮겼는데 원래 뜻대로 옮기면 '의식되지 않은 것 안에서' 또는 '심층 의식 안에서'다.

관계의 명백함을 상실한다. 한편으로 사랑은 문화의 이해관계에 대립하며, 또 한편으로는 문화가 상당한 제약을 가하면서 사랑을 위협한다.

사랑과 문화의 이러한 균열은 피할 수 없는 것처럼 보인다. 그러한 균열의 근거를 즉시 알 수는 없다. 그러한 균열은 우선 가족과 개인이 속해 있는 보다 더 큰 공동체로 나타난다. 우리는 다음과 같은 사실을 미리 알아차렸다. 즉 사람들을 커다란 통합체로 결집시키려는 것이 문화의 주된 노력인 것이다. 그러나 가족은 개인을 포기하지 않을 것이다. 가족 구성원들이 긴밀하게 결합되어 있을수록 그들은 다른 것들로부터 한층 더 자신을 자주 고립시키려는 경향이 있으며, 그들이 보다 더 큰 삶의 영역으로 들어가는 것도 더욱더 어려워진다. 계통 발생적으로 오래되었고 오직 어린 시절에만 존재하는 공동생활 방식인 가족은 나중에 획득된 문화적 방식에 의해 해소되지 않기 위해서 자신을 지킨다. 가족으로부터의 독립은 모든 젊은이들에게 과제가 되며 이러한 문제를 해결하는 데 있어서 사회는 사춘기 의식(儀式)과 성년식을 통해서 자주 젊은이들을 도와준다. 우리는 이러한 점이 모든 정신적 발달에, 실로 근본적으로 모든 유기적 발달에도 따라다니는 난점들이라는 인상을 받는다.

더 나아가서 곧 여자들은 문화의 흐름과 대립하고 문화 발달을 지연시키고 억압하는 영향력을 전개한다. 이 여자들은 처음에는 자기들의 사랑의 요구를 통해서 문화의 토대를 쌓아놓았다. 여자들은 가족과 성생활의 이해관계를 대변한다. 문화에 관한 일은 점점 더 남자들의 일이 되었으며, 남자들에게 한층 더 어려운 과제를 맡기고 여자들에게는 거의 불가능한 충동의 승화를 남자들에게 강요한다. 남자는 무한한 양의 정신적 에너지를 가지고 있지 않기 때문에 그는 리비도를 합목적적으로 분배해서 자신의 과제를 완수하지 않으면 안 된다. 남자가 문화적 목적을 위해 사용하는 것은 대부분 그가 여성과 성생활에 써야 할 것을 전용한 것이다. 다른 남자들과의 끊임없는 교제, 다른 남자들과의 관계에 대한 그의 의존은 남편과 아버지로서의 그의 과제를 멀게 만든다. 따라서 여자는 문화의 요구에 의해서 자신이 배후로 밀려난 것을 깨닫고 문화에 대해 적대 관계를 가지게 된다.

5.

정신분석학의 작업은 우리에게 다음의 사실을 가르쳐주었다. 즉 신경증 환자들이 참지 못하는 것은 바로 이러한 성생활의 좌절인 것이다. 신경증 환자는 자기들의 증세에서 대리 만족을 찾지만, 대리 만족은 신경증 환자들이 환경과 사회에 적응하기 힘든 어려움을 제공하기 때문에 그 자체로 고통을 만들거나 아니면 고통의 원천이 된다. 그러나 문화는 성적 만족으로서 또 다른 희생을 요구한다. 우리는 문화 발달의 어려움을 리비도의 관성으로, 곧 과거의 입장을 버리고 새로운 입장을 취하지 않으려는 힘으로 되돌리기 때문에 문화 발달의 어려움을 일반적인 문화 발달의 어려움으로 파악했다. 우리가 문화와 성의 대립을 다음과 같은 사실로부터 도출할 경우 우리는 거의 똑같은 사실을 말한다. 즉 성적 사랑은 두 개인 사이의 관계이며 제삼자는 필요 없거나 아니면 방해가 될 수 있다. 그런가 하면 문화는 훨씬 더 많은 수의 인간관계를 근거로 삼는다. 애정 관계의 절정에서는 주위에 대한 이해관계가 전혀 남지 않는다. 사랑하는 한 쌍은 자신들만으로 충분하며 행복하기 위해서는 두 사람의 아이마저도 필요로 하지 않는다. 에로스가 자신의 본질의 핵심을, 곧 여러 인간들로부터 하나의 인간을 만들려는 의도를 이렇게 명백하게 드러낸 경우는 전혀 없다. 그러나 만일 잘 알려진 것처럼 에로스가 두 인간 서로의 애정에서 이 목적을 달성하면 에로스는 더 이상 그것을 벗어나려고 하지 않는다.

지금까지 우리는 매우 훌륭하게 다음처럼 상상할 수

있다. 즉 하나의 문화 공동체 자체가 리비도적으로 충족하고 노동과 이해관계의 공동체라는 유대를 통해서 결합된 그러한 한 쌍의 개인들로 이루어진다. 이 경우 문화는 성으로부터 아무런 에너지를 빼앗을 필요가 없다. 그러나 이러한 바람직한 상태는 지금 존재하지 않으며 과거에도 결코 존재하지 않았다. 현실은 다음의 사실들을 우리에게 제시한다. 즉 문화는 지금까지 자신에게 인정된 유대에는 만족하지 않으며, 문화는 공동체의 구성원들을 또한 리비도적으로 서로 결속시키려고 한다. 문화는 여기에 모든 수단을 사용하고 구성원들 사이에 강력한 동일화를 성립시키기 위한 모든 방법을 지지하며 우정의 관계에 의해 공동체 유대를 강화하기 위해 궁극 목표가 금지된 리비도를 가장 큰 규모로 불러온다. 이러한 의도를 달성시키기 위해서는 성생활의 제한이 불가피하게 된다. 그러나 우리는 어떤 것이 문화를 이런 길로 내몰고 또 문화를 성에 적대적인 것으로 규정하는지 알지 못한다. 우리가 아직 발견하지 못한 장애 요인이 있는 것이 분명하다.

소위 문화 사회의 이상적 요구들 중 하나가 여기서 우리에게 흔적을 보여줄 수 있다. 그 흔적은 다음과 같다. 너는 당연히 네 이웃을 너 자신처럼 사랑해야 한다. 이 흔적은 세계에 널리 알려져 있고, 확실히 이 흔적을 가장 자랑스러운 주장으로 제시하는 기독교보다도 오래되었지만 분명히 아주 오래되지는 않았다. 역사시대에도 이 흔적은 아직 인류에게 낯설었다. 우리가 이 흔적에 대해서 처음 듣는 것처럼 소박하게 생각해 보기로 한다. 그러면 우리는 놀라움과 당혹감을 억누를 수 없다. 왜 우리는 당연히 이웃을 우리 자신처럼 사랑해야 하는가? 그것이 우리에게 무슨 도움이 될 것인가? 그러나 무엇보다도 우선 우리는 그것을 어떻게 성취할 것인가? 그것이 어떻게 우리에게 가능하게 된 것인가? 나의 사랑은 아무런 변명도 없이 내가 버려서는 안 되는 나에게 가장 가치 있는 어떤 것이다. 사랑은 나에게 의무들을 부과하는데 나는 그 의무들을 수행하기 위해 희생할 준비가 되어 있지 않으면 안 된다. 만일 내가 어떤 다른 사람을 사랑한다면 그는 어떤 방식으로든 내 사랑을 받을 자격을 갖추지 않으면 안 된다(나는 그가 나에게 가져다줄 수 있는 이익과 아울러 나에게 성적 대상으로서 가능한 의미는 도외시한다. 이 두 가지 종류의 관계는 이웃 사랑의 명령에 대해서는 고려 대상이 되지 않는다). 만일 그가 중요한 부분들에서 나와 매우 비슷해서 내가 그 안에서 나 자신을 사랑할 수 있다면 그는 나의 사랑을 받을 자격이 있다. 만일 그가 나보다 훨씬 더 완전해서 내가 그 안에서 나 자신의 개인에 관한 나의 이상을 사랑할 수 있다면 그는 나의 사랑을 받을 자격이 있다. 만일 그가 내 친구의 아들이라면 나는 그를 사랑하지 않으면 안 된다. 왜냐하면 아들에게 재난이 닥칠 때 친구의 고통 또한 나의 고통일 테고 나는 친구의 고통을 나누어 가지지 않으면 안 될 것이다. 그러나 그가 나에게 낯설고, 그 자신의 가치에 의해, 그리고 내 감정생활에 대해 이미 획득한 의미를 통해서 나를 전혀 매혹할 수 없다면 내가 그를 사랑하는 것은 어려울 것이다. 더욱이 그 사람을 사랑하면 그것은 잘못을 범하는 일이다. 왜냐하면 나의 사랑은 내 가족 모두에 의해서 우선적인 사랑으로 규정되기 때문이다. 만일 내가 낯선 사람을 가족들과 똑같이 대한다면 그것은 가족에게 옳지 않다. 그러나 단지 그 역시 벌레, 지렁이 또는 율모기처럼 이 지구의 존재라는 이유만으로 내가 저 세계 사랑을 가지고 마땅히 그를 사랑해야만 한다면 아주 적은 양의 내 사랑이 그에게 돌아갈 것이 두렵다. 이성적으로 판단하면 그를 나 자신처럼 사랑하는 것은 전혀 불가능하다. 그러한 사랑의 충족이 이성적인 것으로 추천될 수 없다면 그토록 엄숙하게 나타나는 명령이 무슨 소용이 있겠는가?

좀 더 세밀히 살펴보면 나는 한층 더 많은 난점들을 발견한다. 이 낯선 사람은 일반적으로 사랑받을 가치가 없을 뿐만 아니라, 솔직히 고백하자면 그는 오히려 내 적개심과 아울러 증오까지도 받아야 한다. 그는 나에게 대한 사랑을 조금도 가지지 않은 것 같고 나를 전혀 배려하지 않는다. 그에게 이익이 된다면 그는 아무 생각 없이 나를 해칠 것이고 거기에서 그 자신의 최고의 이익이 그가 나에게 끼치는 손해와 맞먹는지 어떤지는 자문하지 않는다. 실로 그는 나를 해치고 이익을 취할 필요가 없다. 따라서 어떤 쾌감을 만족시킬 수만 있다면 나를 비웃고 모욕하고 상처를 주며 자신의 힘을 내게 뽐내는 것을 아무렇지도 않게 여길 것이다. 그리고 그 자신이 안전하다고 느끼면 느낄수록, 그리고 내가 한층 더 무력할수록 나에 대한 이러한 태도를 보다 더 확실하게 그로부터 확인할 수 있다. 만일 그가 다르게 행동한다면, 낯선 사람으로서의 나에게 배려와 관용을 보여준다면, 나는 저 명령 없이도[20] 그 사람에게 유사한 방식으로 대할 것이다. 실로 저 위대한 명령이 "네 이웃이 너를 사랑하는 것처럼 네 이웃을 사랑하라"는 것이라면 나는 반대하지 않을 것이다. 여전히 내가 파악하기 어려운 것 같고 내게 훨씬 강한 반감을 일으키는 두 번째 명령이 있다. 그것은 '너의 원수를 사랑하라'다.

---

20) "네 이웃을 너 자신처럼 사랑하라"는 명령.

만일 옳게 생각한다면, 내가 이 명령을 첫 번째 것보다 더 무거운 요구로 다루는 것은 옳지 않다. 두 가지는 근본적으로 똑같은 것이다.[21]

이제 나는 나를 나무라는 위엄에 가득 찬 목소리를 듣는 것 같다. "바로 네 이웃이 사랑받을 가치가 없기 때문에, 오히려 네 원수이기 때문에 너는 너 자신처럼 당연히 그를 사랑해야 한다." 그렇다면 나는 이것이 "불합리하기 때문에 나는 믿는다(Credo quia absurdum)"와 유사한 경우라는 것을 이해한다.

그런데 나의 이웃이 자기 자신처럼 나를 사랑하도록 요구받으면 나와 똑같이 답하고 내가 제시한 것과 똑같은 근거를 가지고 나를 물리칠 가능성은 충분히 있다. 내가

---

21) (지은이 주) 위대한 시인은 엄격히 금지된 심리적 진리를 적어도 농담으로 표현할 수 있을 것이다. 하이네는 다음처럼 고백한다. "나는 가장 평화로운 마음을 지니고 있다. 다음은 나의 소망이다. 초라한 오두막, 이엉지붕, 그러나 좋은 침대와 맛있는 음식, 아주 신선한 우유와 버터, 창문 앞의 꽃, 문 앞의 아름다운 한두 그루 나무, 그리고 만일 신이 나를 완전히 행복하게 만들려고 하면 그는 여섯이나 일곱 명의 내 적들이 이 나무에 목매다는 것을 보는 즐거움을 내가 맛보도록 한다. 그들이 죽기 전에 나는 마음의 감동을 받아 그들이 일생 동안 내게 저지른 모든 잘못을 용서할 것이다. 실로 우리는 자신의 원수를 용서하지 않으면 안 된다. 그러나 그들이 교수형을 당하기 이전에 용서해서는 안 된다(하이네, 《생각과 착상》)."

바라건대 그는 나와 똑같은 권리는 가지고 있지 않아도 그 역시 똑같은 것을 생각하는 것이다. 인간의 태도에는 끊임없이 차이가 존재한다. 윤리는 차이의 제한을 무시하고 인간들을 '선한'과 '악한'으로 분류한다. 이 부인할 수 없는 차이들이 제거되지 않는 한 고귀한 윤리적 요구를 따르는 것은 악에 직접적인 이익을 주기 때문에 문화의 목적에 대한 손상을 뜻한다. 여기서 우리는 프랑스 의회에서 사형을 취급했을 때의 과정을 상기하지 않을 수 없다. 한 의원이 사형의 폐지에 대해 열정적으로 말했고 우레와 같은 박수갈채를 받았다. 드디어 큰 방에서 어떤 목소리가 외쳤다. "살인자들부터 시작하시오!(Rue messieurs les assassins commenceut!)"

우리는 이 모든 것의 배후에 있는 현실을 기꺼이 부인하려고 하지만, 인간은 공격을 당해도 기껏해야 자신을 방어하는 수밖에 없는 유약하면서 사랑을 필요로 하는 존재가 아니다. 오히려 인간은 강한 공격 충동을 가지고 태어났다고 할 수 있다. 따라서 인간에게 이웃은 가능한 협력자이며 성적 대상일 뿐만 아니라 자신의 공격 충동을 만족시키고자 하는 대상이다. 인간은 보상을 주지 않고 이웃의 노동력을 착취하며, 이웃의 동의를 받지 않고 이웃을 성적으로 이용하고, 이웃의 재물을 빼앗으며, 이웃을 경멸하고, 이웃에게 고통을 가져다주며, 이웃을 고문하고 죽이려고 한다. "인간은 인간에게 늑대다(Homo homini lupus)." 삶과 역사의 온갖 경험에 따라서 누가 감히 이 명제를 반박하겠는가? 이 잔인한 공격은 보통 도발을 기다리거나 아니면 보다 더 온건한 수단을 가지고도 도달할 수 있을 다른 목적에 기여한다. 평소에 공격을 억압하는 정신적 억제력이 작용하지 않을 경우 공격이 유리한 상황에서 공격은 자발적으로 표출되며, 같은 종족에 대한 화해에서는 인간이 낯선 야수로 나타나게 된다. 훈족의 민족 이동과 침입, 칭기즈칸과 티무르 지휘하의 소위 몽골족의 침입, 경건한 십자군에 의한 예루살렘 정복의 참혹함을, 실로 최근의 세계대전의 공포를 떠올리는 사람은 이 견해 앞에서 겸손하게 머리를 숙이지 않으면 안 될 것이다.

우리들 자신에게서 감지할 수 있고 또 우리가 다른 사람들에게도 당연히 있다고 전제하는 이 공격 성향의 존재는 이웃에 대한 우리의 관계를 방해하며 문화의 에너지 소비를 강요한다. 인간들 서로에 대한 이 원초적인 적개심으로 인해 문화 사회는 끊임없이 붕괴 위기에 처한다. 공동 노동의 이해관계는 문화 사회를 단결시키지 못할 것이다. 충동적 열정은 이성적 이해관계보다 한층 더 강하다. 인간의 공격 충동을 제한하고 정신적 반응을 형성해서 공격 충동의 표현을 억제하기 위해서 문화는 모든 것을 바치지 않으면 안 된다. 따라서 문화는 동일화와 목표 달성이 금지된 사랑의 관계를 자극해야 하는 방법을 사용하며 성생활을 제한한다. 그러므로 이웃을 자기 자신처럼 사랑하라는 이상적 명령도 그런 의도로부터 생긴 것이다. 이 이상적 명령은 사실 원천적인 인간의 본성에 전적으로 반대되기 때문에 정당화된다. 이러한 문화의 노력은 온갖 힘을 기울였어도 지금까지 얻은 것이 별로 없다. 범죄자에 대해 폭력을 행할 권리를 가지면 가장 조잡하고 무절제한 폭력은 방지할 수 있으리라고 기대되지만 보다 신중하고 세련되게 표현되는 인간의 공격은 법률도 막을 수 없다. 우리 모두는 청춘 시절에 함께 있는 사람들에게 걸었던 기대들을 환상으로서 버려야 할 때를 맞이하며, 그들의 악의로 인해 그의 인생이 얼마나 어렵고 고통스럽게 되었는지를 경험할 수 있다. 그런데 문화가 인간의 행동에서 갈등과 경쟁을 제거하려고 한다고 문화를 비난하는 것은 옳지 않다. 갈등과 경쟁은 확실히 필수 불가결한 것이지만 대립이 꼭 적대 관계인 것은 아니고 단지 잘못 사용되어 적대 관계의 계기가 된다.

공산주의자들은 악으로부터 구원에 이르는 길을 발견했다고 믿는다. 그들에 의하면 인간은 분명히 선하고 자신의 이웃에게 호의를 가지고 있지만 사유재산제도가 인간의 본성을 타락시킨 것이다. 사유재산을 소유한 자는 권력을 가지게 되며 권력을 가지고 이웃을 학대하려는 유혹에 빠진다. 재산 소유에서 배제된 자는 억압자에 대한 적개심으로 불타지 않을 수 없다. 만일 우리가 사유재산제도를 폐지하고, 모든 재화를 공유화하고, 모든 사람들로 하여금 그 재화를 나누어 가지게 한다면 인간들 사이의 악의와 적개심은 사라질 것이다. 모든 욕구가 충족되기 때문에 어느 누구도 타인을 적으로 볼 이유가 없을 것이고 필요한 노동에는 모두가 기꺼이 참여할 것이다. 나는 공산주의 체계에 대한 경제적 비판과는 상관이 없으며, 사유재산의 폐지가 합목적적이고 유리한지 여부를 탐구할 수 없다.[22] 그러나 나는 공산주의 체계의 심리학적 전제를 지지할 수 없는 환상으로 알 수 있다. 사유재산의 폐지와 함께 우리는 인간의 공격 쾌감에서 공격이 이용하는 도구

---

22) (지은이 주) 자신의 젊은 시절에 가난의 비참함을 맛보고 가진 자들의 무관심과 오만을 경험한 사람은 부의 불평등과 그 결과에 대해서 투쟁하는 노력을 전혀 이해하지 못하며 그러한 노력을 전혀 호의적으로 보지 않는다는 의혹을 당연히 피할 수 있다. 모든 사람들의 평등에 대한 추상적 정의의 요구를 이러한 싸움의 근거로 삼으려고 하면, 자연은 개인들의 가장 불평등한 신체적 특징과 정신적 재능을 통해 결코 구원할 수 없는 불의를 도입했다는 반론이 곧장 제기된다.

들 중 하나를 빼앗을 수 있으며 이 도구는 가장 강력하지는 않지만 확실히 강력한 것이다. 공격이 자신의 목적을 위해서 잘못 사용하는 힘과 영향력의 차이를 우리는 변화시키지 못했고 공격의 본질 역시 변화시키지 못했다. 공격은 재산에 의해서 만들어진 것이 아니다. 재산이 매우 빈약했던 원시시대에는 공격이 거의 무한하게 지배했다. 공격은 재산이 자신의 항문 형태를[23] 포기하기도 전에 이미 육아방에서 제시되며 사람들 사이의 모든 애정 관계와 사랑 관계의 토대를 형성한다. 한 가지 예외는 아마도 어머니와 아들의 관계일 것이다. 우리가 물질적 재산에 대한 개인의 권리를 배제한다고 해도 성적 관계로부터 생기는 특권이 여전히 남아 있다. 이 특권은 다른 점에서는 평등한 남자들 사이에서 가장 강한 혐오감과 가장 격렬한 적개심의 원천이 될 수밖에 없다. 성생활의 완전한 해방을 통해서 우리가 이 특권을 제거한다고 해도, 따라서 문화의 기본 단위인 가족을 폐지한다고 해도, 문화 발달이 어떤 새로운 길을 개척해 나갈지를 예상하기란 쉽지 않다. 그러나 파괴할 수 없는 인간 본성의 특징인 공격은 문화의 새로운 방향을 따라가리라는 하나의 사실을 우리는 예상

23) 배설물을 말한다.

할 수 있다.

인간이 자신의 이 공격 성향의 충족을 단념하는 것은 분명히 쉽지 않다. 인간은 공격 성향을 충족시키지 못하면 편안함을 느끼지 못한다. 보다 작은 문화권의 장점은 다음과 같다. 즉 이 집단은 외부의 침입자를 향해 충동을 배출하는데 이 장점은 과소평가할 수 없다. 만일 공격 표현을 위해서 다른 사람들이 남아 있기만 하다면 상당수의 사람들을 서로 사랑으로 결속하는 것은 언제나 가능하다. 나는 일찍이 다음과 같은 현상을 다루었다. 즉 스페인인과 포르투갈인, 북부 독일인과 남부 독일인, 잉글랜드인과 스코틀랜드인처럼 서로 이웃해 있고 그 밖의 점에서도 서로 근접한 공동체들이 적대적으로 공격하며 경멸한다.[24] 나는 이 현상에 '사소한 차이의 나르시시즘'이라는 명칭을 부여했는데 이 명칭은 별로 설명해 주는 것이 없다. 그런데 우리는 그 안에서 편하며 상대적으로 해가 없는 공격 성향의 충족을 안다. 이러한 충족을 통해서 공동체의 구성원들에게 단결이 쉬워진다. 이와 같은 방식으로 전 세계에 흩어져 있는 유대 민족은 자기 민족의 문화에

24) 《집단심리학과 자아 분석》, 《처녀성의 금기》 및 《인간 모세와 일신교》, 3장 등을 참조할 것.

크게 기여했다. 애석하게도 중세의 모든 유대인 학살은 이 시대를 기독교도들에게 보다 더 평화롭고 안전하게 만들어주기에 충분치 못했다. 사도 바울이 보편적 인류애를 기독교 공동체의 기초로 만든 이후 기독교 공동체 외부에 남아 있는 자들에 대한 극단적 배척은 필연적인 결과가 되었다. 비록 로마인들에게 종교는 국가적 관심사였고 국가 전체에 종교가 퍼져 있었다고 할지라도, 그들의 국가 공동체가 사랑을 기초로 삼지 않았던 로마인들에게는 종교적 편협함이 낯선 것이었다. 게르만족의 세계 지배의 꿈이 그 꿈의 보충으로 반유대주의를 환기시킨 것은 결코 이해할 수 없는 우연이 아니었다. 그리고 우리는 다음 사실을 이해할 수 있는 것으로 안다. 즉 러시아에 새로운 공산주의 문화를 건설하려는 시도는 부르주아 박해에서 자신의 심리적 근거를 발견한다. 우리는 러시아인들이 부르주아를 말살한 다음에 무엇을 시작하게 될지가 걱정될 뿐이다.

6.

나는 어떤 논문에서도 지금처럼 강한 느낌을 가졌던 적이 없다. 즉 나는 원래 자명한 것들을 설명하기 위해 일반적으로 알려진 것을 표현하고 종이와 잉크를 쓰며 계속해서 식자공의 노동과 인쇄공의 잉크를 낭비하고 있는 것이다. 그러므로 특별하고 자발적인 공격 충동의 인정이 정신분석학적 충동 이론의 수정을 뜻한다는 결과가 생기는 것처럼 보인다면 기꺼이 나는 그 결과를 반박할 것이다.

사실 그렇지 않다는 것이 밝혀질 것이다. 오래전에 수행된 방향 전환을 보다 더 예리하게 파악하고 그 결과를 추구하는 것이 문제일 뿐이다. 천천히 발달한 정신분석학 이론의 모든 부분들 중에서 충동 이론(Trieblehre)은 가장 힘들게 앞길을 모색해 왔다. 그렇지만 충동 이론은 정신분석학 전체에 아주 불가결했기 때문에 그 자리를 어떤 것이 채우지 않으면 안 되었다. 처음에 나는 완전히 당황했는데 시인이자 철학자인 실러(Schiller)의 '굶주림과 사랑'은 세계의 행위를 함께 모은다는 명제는 나에게 최초의 출발점을 부여했다. 굶주림은 개체를 보존하려는 저 충동의 대표자로 여겨질 수 있었고 사랑은 대상을 얻으려고 노력한다. 모든 방식으로 자연의 지원을 받는 사랑의 주요 기능은 종의 보존이다. 그래서 자아 충동과 대상 충동이 서로 대립해서 나타났다. 대상 충동의 에너지를 위해서, 오직 그것을 위해서 나는 리비도라는 명칭을 도입했다. 따라서 자아 충동과 가장 넓은 의미에서 사랑의 대상을 향한

'리비도적' 충동 사이에서 대립이 성립했다. 이 대상 충동들 중 하나인 가학적 충동은 그 목표가 전혀 사랑스러운 것이 아니었으며 분명히 여러 면에서 그것은 자아 충동에 속해 있었다. 가학 충동은 리비도적 목적을 가지지 않은 지배 충동과 거의 유사함을 감출 수 없었다. 그러나 우리는 이러한 차이를 극복했다. 사디즘(Sadismus)은 그렇지만 명백하게 성생활에 속했고, 잔인한 역할은 애정에 찬 역할을 대치 할 수 있었다. 신경증은 자기보존의 이해관계와 리비도의 요구 사이에서 벌어지는 투쟁의 결과로 여겨졌다. 이 투쟁에서 자아는 승리했지만 그 대가로 무거운 고통과 욕망의 단념을 지불했다.

모든 정신분석가들은 이 견해가 오늘날에도 여전히 오래전에 극복된 오류처럼 들리지 않는다는 사실을 인정할 것이다. 그렇지만 우리의 탐구가 억압된 것으로부터 억압하는 것으로, 대상 충동으로부터 자아로 진전함에 따라서 이 견해의 수정이 불가피하게 되었다. 나르시시즘 개념의 도입, 즉 자아 자신은 리비도를 가지고 있고 더욱이 원래 리비도의 고향이며 또한 어느 정도 리비도의 본거지로 남아 있다는 통찰이 여기에서 결정적으로 되었다. 이 나르시시즘적 리비도는 대상으로 향하며 따라서 대상 리비도로 향하게 되고 나르시시즘적 리비도로 되돌아갈 수 있다. 나르시시즘 개념은 정신적 손상에 의한 신경증과 아울러 정신병과 유사한 많은 정서 상태를 정신분석학적으로 이해할 수 있게 만들었다. 전이 신경증은 자아가 성욕으로부터 자신을 보호하려는 노력이라는 해석을 떠날 필요는 없었지만 리비도 개념은 위험에 빠졌다. 자아 충동 역시 리비도적이었기 때문에 카를 구스타프 융이 이미 이전에 주장하려고 했던 것처럼 한동안은 리비도를 충동 에너지 일반과 일치시키는 것이 불가피하게 여겨졌다. 그렇지만 나에게는 아직 근거를 세울 수 없지만 다음의 확신과 같은 어떤 것이 남아 있었다. 즉 충동은 모두가 똑같은 종류일 수 없다. 나는《쾌락 원리를 넘어서》(1920)에서 두 번째 발걸음을 내디뎠다. 이때 반복 강박과 충동적 삶의 보존적 성격이 우선 내 관심을 끌었다. 나는 생명의 기원에 관한 고찰과 생물학적 대비로부터 출발하면서, 생물 개체를 보존하려는 충동과 그것을 점점 더 큰 단위로 결합시키려는 충동 이외에[25] 그것에 대립하는 또 다른 충동, 곧 그 단위를 해체해서 가장 근원적인 무기를 상대로 삼아 복귀시키려고 하는 충동이 분명히 존재하리라는 결론을 도

25) (지은이 주) 에로스의 끊임없는 확대 경향과 충동의 일반적인 보존의 본성 사이에 나타나는 대립은 뚜렷하며, 이 대립은 앞으로의 문제 제기들에 대한 출발점이 될 수 있다.

출했다. 말하자면 에로스 이외에 죽음의 충동도 존재한다. 생명의 현상은 이들 두 충동의 협력 행위와 대립 행위로부터 설명된다. 그런데 이 가정된 죽음의 충동의 활동을 증명하는 것은 쉽지 않았다. 에로스의 표현은 뚜렷했고 충분히 요란스러웠다. 우리는 다음 사실을 가정할 수 있었다. 즉 죽음의 충동은 생물의 내면에서 말없이 생물의 해체를 위해 일하지만 그것은 물론 아무런 증명도 되지 못한다. 이보다 한층 더 나아간 생각은 다음과 같다. 즉 충동의 일부는 외부 세계로 향한 다음에 공격과 파괴를 향한 충동으로 나타난다. 따라서 생물은 자신의 고유한 자기를 파괴하는 대신 다른 무생물과 생물을 파괴하기 때문에 죽음의 충동 자체는 강제로 에로스에 봉사할 것이다. 거꾸로 외부로 향한 이 공격을 제한하면, 어쨌든 끊임없이 진행되는 자기 파괴가 분명히 촉진될 것이다. 동시에 우리는 이 사례에서 다음의 사실을 알아차릴 수 있었다. 즉 이들 두 종류의 충동은 거의—아마도 전혀—서로 분리되어 나타나는 일이 없고 다양한 비율로 혼합되어 서로 바뀌면서 나타나므로 우리의 판단에 의해서 알 수 없게 된다. 성욕의 부분적인 충동으로서 오래전부터 알려진 사디즘에서 우리는 사랑의 충동과 파괴 충동이 섞인 그러한 특별히 강한 합금을 발견했던 것이다. 이와 반대되는 마조히즘에서는 내면으로 향한 파괴와 성욕의 결합이 발견된다. 이 결합에 의해서 다른 방식으로는 지각 불가능한 파괴 충동의 노력이 분명하게 느껴질 수 있게 된다.

죽음의 충동이나 파괴 충동의 가정 자체는 정신분석학의 영역 안에서도 반대에 부딪쳤다. 사랑에서 위험하고 적대적인 것으로 발견되는 모든 것을 사랑의 고유한 본질의 양극성에 귀속시키려는 여러 가지 경향이 있다는 것은 나는 알고 있다. 여기에서 전개된 견해는 처음에는 시험적으로 대변했지만 시간이 흐름에 따라서 이 견해가 나를 지배함으로써 나는 더 이상 달리 생각할 수 없다. 내 생각에 이 견해는 다른 가능한 모든 견해들보다 이론적으로 비교할 수 없을 정도로 유용하다. 이 견해는 사실의 무시나 왜곡 없이 우리가 학문적 연구에서 추구하는 단순화를 제시한다. 우리가 사디즘과 마조히즘에서 성애(Erotik)와 강하게 결합된, 외부와 내부로 향하는 파괴 충동의 표현을 우리 앞에서 보아왔다는 사실을 나는 안다. 그러나 에로티시즘과 상관없는 공격과 파괴가 어디에나 존재한다는 것을 우리가 간과할 수 있었다는 사실, 인생의 해석에서 공격과 파괴에 당연히 주어야 할 지위를 마련해야 한다는 사실을 더 이상 이해하지 못한다(물론 내면으로 향한 파괴 욕망은 그것이 에로티시즘에 물들어 있지 않다면 대개 지각되지 않는다). 파괴 충동 이념이 처음으로 정신분석학 문헌에 등장했을 때 나는 나 자신의 거부 태도를 기억했고, 그것을 받아들이게 될 때까지는 상당한 시간이 걸렸다. 다른 사람들도 나와 똑같은 거부 태도를 보였고 여전히 보이고 있다는 사실은 그다지 놀랄 일이 아니다. 왜냐하면 '악', 공격과 파괴 그리고 또한 잔인성에 대한 인간의 타고난 경향이 언급되면 아이들은 그것을 기꺼이 들으려고 하지 않기 때문이다.[26] 신은 자기 자신의 완전함을 본떠서 인간을 창조했으며—크리스천 사이언스[27]의 단언에도 불구하고—부정할 수 없는 악의 존재와 신의 전능함이나 자비를 조화시키는 것이 얼마나 어려운지 알게 되기를 우리는 원하지 않는다. 악마는 신의 변호에 대한 최상의 방책일 것이고, 여기에서 악마는 아리안족의 이상 세계 안에서의 유대인처럼 공격 충동을 경제적으로 배출하는 역할을 떠맡을 것이다. 그래도 다음처럼 말할 수 있다. 우리는 악마가 구현하는 악의 존재에 대해서와 마찬가지로 악마의 존재에 대해서도 신의 책임을 요구할 수 있다. 이

---

26) "Denn die Kindlein, sie hören es nicht gerne." 괴테의 시 〈추방되어 고향으로 간 백작에 대한 발라드〉에 나오는 구절.

27) 크리스천 사이언스: 미국 신흥 종교의 명칭. 1866년 메리 베이커 에디(Mary Baker Eddy)가 창시함.

난점들에 연관해서 적절한 곳에서 인류의 심원한 윤리적 본능 앞에 깊이 고개를 숙이는 것이 모든 사람들에게 바람직하다. 그것은 일반적인 인기를 얻는 데 도움이 될 것이고 그 때문에 많은 것을 용서받을 것이다.[28]

리비도라는 명칭은 다시금 에로스의 힘의 표현을 죽음 충동의 에너지와 구별하기 위해서 에로스의 힘의 표현에 대해 사용될 수 있다.[29] 다음의 사실을 고백하고자 한다.

---

28) (지은이 주) 괴테의 메피스토펠레스 안에서는 악의 원리와 파괴 충동의 동일화가 아주 특별히 설득력 있게 작용한다.

> "왜냐하면 모든 생성하는 것은
> 당연히 소멸하기 때문이다.
> …따라서 그대들이 죄악, 파괴, 짧게 말해서
> 악이라고 부르는 모든 것은
> 나의 고유한 요소다."

악마 자신은 성스러운 것, 선이 아니라 생을 산출하고 번식시키는 힘, 말하자면 에로스를 자신의 적이라고 부른다.

> "공기에서, 물에서, 흙에서도
> 무수한 싹들이 돋아나며
> 마른 곳, 축축한 곳, 따뜻한 곳, 추운 곳에서도!
> 만일 내가 불을 준비하지 않았더라면
> 나는 나를 위해 특별한 것을 아무것도 가지지 못했을 것이다."

29) (지은이 주) 우리는 현재 우리의 견해를 다음과 같은 명제로 표현할 수 있다. 즉 리비도는 모든 충동 표현에 참여하지만 충동 표현에 참

즉 우리는 죽음의 충동을 파악하기가 매우 어려우며, 어느 정도 단지 에로스 배후에 남아 있는 것으로만 알아채고, 에로스와의 결합에 의해서 드러나지 않는 곳에서 죽음의 충동은 우리를 회피한다. 사디즘에서 죽음의 충동은 자신의 고유한 의미에서 생애적 목표를 왜곡시키지만 성적 노력을 완전히 만족시킨다. 사디즘에서 우리는 죽음의 충동의 본질을, 그리고 에로스에 대한 죽음의 충동의 관계를 가장 분명하게 통찰한다. 그러나 또한 사디즘이 성적 목적을 가지지 않고 가장 맹목적인 파괴성으로 나타나는 곳에서 우리는 죽음 충동의 만족이 특히 강한 나르시시즘적 향락과 결합되어 있다는 점을 인정하지 않을 수 없다. 왜냐하면 죽음 충동의 만족은 자아에게 자아가 지닌 오랜 전능함의 소망을 충족시켜 주기 때문이다. 절제되고 길들여지고 동시에 목표 달성이 금지된 파괴 충동이 대상으로 향하면 분명히 자아는 삶의 욕구에 대한 만족과 자연에 관한 지배력을 분명히 얻는다. 파괴 충동의 존재에 대한 가정은 본질적으로 이론적 근거에 의존하기 때문에 이론적 반박의 여지 역시 인정하지 않으면 안 된다. 그러나 현재 우리의 통찰 단계에서는 방금 살핀 것이 우리의 입장이다.

여하는 모든 것이 리비도는 아닌 것이다.

앞으로의 연구와 숙고는 확실히 결정적인 명료함을 가져다줄 것이다.

따라서 나는 앞으로의 모든 것에 대해서 다음과 같은 입장을 제시한다. 즉 공격 성향은 인간의 원초적이고 독립적인 충동 소질이다. 그래서 나는 문화가 자신의 가장 강한 장애를 공격 성향 안에서 발견한다는 입장으로 되돌아간다. 언젠가 이와 같은 탐구 과정에서 우리는 다음과 같은 사실을 통찰하게 되었다. 문화란 인간이 겪는 특별한 과정이고 우리는 여전히 언제까지나 이와 같은 생각에 사로잡혀 있다. 여기에다 나는 다음의 사실을 첨가한다. 즉 문화는 에로스에 봉사하는 과정이며, 에로스는 따로 떨어져 있는 인간 개인을, 그다음에는 가족을, 그리고 종족과 민족과 국가를 하나의 커다란 통일, 곧 인류로 결합시키려고 한다. 왜 이런 일이 일어나지 않으면 안 되는지 우리는 알지 못한다. 그것은 에로스의 일이다. 이 인간 집단은 당연히 서로 리비도에 의해서 결속되어야 한다. 필연성만 가지고는, 곧 공동 작업의 장점만 가지고는 인간 집단을 결속시킬 수 없다. 그러나 만인에 대한 개인의 적개심과 개인에 대한 만인의 적개심이라는 인간의 자연적인 공격 성향은 이와 같은 문화의 계획에 반대된다. 이 공격 충동은 에로스와 함께 세계를 지배하는 죽음의 충동의 후

예이자 주요 대리자다. 그러면 이제 내가 생각건대 문화 발달의 의미는 더 이상 우리에게 희미하지 않다. 문화는 분명히 그 투쟁이 인류에게 있어서 수행되는 것처럼 에로스와 죽음, 그리고 삶의 충동과 파괴 충동 사이의 투쟁을 우리에게 제시한다. 이 투쟁은 상기 일반의 본질적인 내용이며 따라서 문화 발달은 간단히 말해서 인류의 삶의 투쟁이다.[30] 그리고 우리의 유모들은 '천국에 관한 자장가'[31]를 부르면서 거인들의 이 싸움을 진정시키려고 한다!

7.

왜 우리의 친척인 짐승들은 그와 같은 문화투쟁을 전혀 보여주지 않는가? 왜 그런지 우리는 알지 못한다. 아마도 동물들 중 한두 종류는, 곧 벌, 개미, 흰개미 등은 수천 년의 세월을 통해 오늘날 우리가 감탄할 만한 저 국가 제도와 저 기능의 분업, 개별적인 것의 제한을 발견했을 것이다. 우리의 현재 상태에 대해 다음의 사실은 명백하다. 즉 이와 같은 어떤 동물 국가에서도 그 국가의 개체에게

---

30) (지은이 주) 보다 더 상세히 규정하자면, 아마도 아직 알려지지 않은 어떤 사건에 관해 형성되지 않으면 안 되었을 그러한 삶의 투쟁이었을 것이다.

31) 하이네의 〈독일〉이라는 시에서 인용한 말이다.

할당된 어떤 역할에서도 우리는 자신을 행복하다고 평가하지 않으리라고 우리의 느낌은 말한다. 다른 동물들에게 있어서는 환경의 영향과 그 동물들 안에서 부딪치는 충동들이 일시적인 균형 상태에 도달해 발달이 정지되었을 것이다. 원시인에게 있어서는 리비도의 새로운 폭발이 파괴 충동의 새로운 저항으로 하여금 공격하도록 했을 것이다. 아직 아무런 답도 찾을 수 없는 문제가 여기에는 너무 많다.

우리에게 한층 더 가까이 놓여 있는 또 다른 문제가 있다. 문화는 자신에게 적대적인 공격을 억제하고, 해롭지 않은 것으로 만들고, 어쩌면 제거하기 위해 어떤 수단을 사용하는가? 우리는 그 방법들 중 한두 가지는 이미 알았지만 결과에 가장 중요한 방법은 아직 알지 못한다. 우리는 개인의 발달사에서 그 방법을 연구할 수 있다. 개인은 자신의 공격 쾌감을 해롭지 않은 것으로 만들기 위해서 어떤 방법을 사용하는가? 그것은 우리가 알지 못했던, 그렇지만 우리와 매우 밀접한 아주 놀랄 만한 어떤 것이다. 공격은 안으로 향해 내면화되지만 원래 자신이 나온 곳으로 되돌아가며, 말하자면 자신의 자아에 대항한다. 먼저 초자아(Über-Ich)로서 나머지 자아에 적대적인 자아의 일부가 공격을 떠맡고, 다음에는 '양심(Gewissen)'으로서 자아에 대항해 똑같이 강하게 공격할 준비를 갖춘다. 자아는 기꺼이 또 다른 낯선 개체를 공격해 만족을 얻으려고 했을 것이다. 우리는 엄격한 자아와 그것에 복종하는 자아 사이의 긴장을 죄의식이라고 부른다. 죄의식은 처벌 욕구로 나타난다. 따라서 문화는 개인을 약하게 하고 무장을 해제하며 또한 점령 도시에 수비대를 두는 것처럼 개인의 내면에 공격성을 감시하는 심급(審級, Instanz)을 두기 때문에 개인의 위험한 공격 쾌감을 통제한다.

죄책감의 발생에 관해서 정신분석학자는 다른 심리학자들과 다르게 생각한다. 정신분석학자에게도 죄책감을 인정하는 것은 쉬운 일이 아니다. 우선 사람이 어떻게 죄책감을 갖게 되는지를 우리가 물을 경우 우리는 반박할 수 없는 답을 가지고 있다. 우리가 '악한 것'으로서 인식하는 어떤 것을 행했을 때 우리는 죄책감을 느낀다(경건한 사람들은 '죄를 지었다'고 말한다). 그러면 곧 우리는 이 답이 거의 아무것도 주지 않는다는 것을 알게 된다. 잠시 망설인 후 아마도 우리는, 이 악한 것을 행하지 않고 단지 그것을 행하려는 의도를 스스로 아는 사람도 죄책감을 느낄 수 있다고 덧붙여서 말할 것이다. 그러면 우리는 의도와 행위가 여기에서 왜 똑같은 것으로 여겨지느냐는 물음을 제기할 것이다. 그러나 두 경우는 우리가 이미 악한 짓을 비난받아야 할 것으로, 그리고 행위에서 배제해야 할 것으로 인식한다는 사실을 전제로 한다. 우리는 어떻게 이런 결정에 이르는가? 우리는 선과 악에 대한 원천적인, 말하자면 자연적인 구분 능력을 거부할 수 있다. 흔히 악은 자아에게 해롭지도 않고 위험하지도 않으며 오히려 반대로 자아에게 바람직한 것이고 즐거움을 마련해 주는 어떤 것이기도 하다. 따라서 여기서는 낯선 영향이 나타난다. 이 낯선 영향은 무엇이 선과 악으로 일컬어져야 할지를 결정한다. 인간의 고유한 느낌이 인간을 이와 같은 길로 이끌어오지 않았을 것이므로 그는 분명히 이 낯선 영향에 복종해야 할 동기를 가졌을 것이다. 그러한 동기는 인간의 무력함과 타인들에 대한 의존에서 쉽게 발견되며 사랑의 상실에 대한 불안으로 가장 잘 표시될 수 있다. 자신이 의존하고 있는 타인의 사랑을 상실하면 그는 다양한 위험으로부터 보호받을 수 없다. 무엇보다도 그는 이 엄청나게 강한 자가 처벌이라는 형태로 자신의 우월함을 표시하는 위험에 노출된다. 따라서 처음에 사랑의 상실과 함께 우리를 위협하는 것은 악이다. 이러한 사랑의 상실이 불안하기 때문에 우리는 악을 피하지 않으면 안 된다. 그러므로 우리가 이에 악을 행했는지 아니면 악을 행하고자 했는지의 여부는 별로 중요하지 않다. 두 경우에 있어서 권위를 가진 자가 악을 발견하면 비로소 위험이 타나나며, 권위를 가진 자는 두 경우 모두 유사하게 행동할 것이다.

우리는 이런 상태를 '양심의 가책(Schlechtes Gewissen)'이라고 부르지만 원래 이 상태는 이런 명칭을 가질 가치가 없다. 왜냐하면 이 단계에서 죄의식은 분명히 사랑의 상실에 대한 불안, 곧 '사회적' 불안일 뿐이기 때문이다. 어린이에게 있어서 이것은 결코 다른 어떤 것일 수 없지만 다수의 성인들에게 있어서는 보다 더 큰 인간 공동체가 아버지나 양친을 보통 대신한다. 그러므로 그런 사람들은 악을 행해도 권위를 가진 자가 그것을 알지 못하거나 안다고 해도 그들을 꾸짖지 못할 것을 확실히 알면 자기들에게 쾌적함을 약속하는 악을 습관적으로 저지르며 그들은 오직 들킬 것만을 불안해한다.[32] 오늘날의 사회는 일반적으로 이러한 상태를 고려해야 한다.

중대한 변화는 권위가 초자아의 확립을 통해 내면화될 때 비로소 나타난다. 따라서 양심의 현상은 새로운 단계로 고양된다. 근본적으로 우리는 당연히 지금에서야 양심과 죄책감에 관해 말해야만 한다.[33] 지금은 발각될지도

---

32) (지은이 주) 루소의 책에 나오는 유명한 베이징의 고관(Mandarin).

33) 모든 통찰력이 있는 사람들은 이 개괄적인 묘사에서 우리가 현실

모른다는 불안이 사라진다. 그리고 악을 행하는 것과 악을 원하는 것 사이의 구분도 완전히 사라진다. 왜냐하면 초자아 앞에서는 아무것도 감출 수 없고, 상념조차도 감출 수 없기 때문이다. 새 권위로 나타난 초자아는 자아와 매우 긴밀하게 연관되어 있어서 자아를 학대할 동기가 전혀 없으므로 사실 현실적 관점으로부터 본 경우 상황의 심각성은 소멸되었다. 그러나 지나간 것과 극복된 것을 계속해서 살아남게 하는 발생의 영향은 다음의 사실 안에 나타난다. 즉 지나간 것과 극복된 것은 마치 그것이 처음에 그랬던 것처럼 근본적으로 그렇게 남아 있다. 초자아는 똑같은 불안감을 가지고 죄지은 자아를 괴롭히며 외부 세계로 하여금 자아를 처벌하게 할 기회를 노린다.

이 두 번째 발달 단계에서 양심은 첫 번째 단계에서는 없던, 그리고 더 이상 설명하기가 쉽지 않은 고유성을 제시한다. 덕이 깊은 인간일수록 초자아는, 말하자면 아주 엄격해지고 의심이 많아진다. 그래서 결국 가장 악한 죄를 범했던 자신을 꾸짖는 사람은 바로 성덕(聖德) 안에서

에서는 점진적으로 완성되는 것의 경계를 명확하게 했다는 사실, 초자아의 존재뿐만 아니라 초자아의 상대적 강함과 영향권도 문제라는 것을 이해하고 헤아릴 것이다. 양심과 죄책감에 관해 지금까지 말한 모든 것은 실로 일반적으로 알려져 있으며 거의 논란의 여지가 없다.

초자아를 가장 멀리 이끌어온 사람이다. 여기에서 덕은 약속된 보상의 일부를 상실한다. 순종하며 자제하는 자아는 자신의 스승의[34] 신뢰를 얻지 못하고 초자아의 신뢰를 얻으려고 애쓰는 자아의 노력은 헛된 것으로 보인다. 그런데 사람들은, 그것은 억지로 꾸민 난점들일 것이라고 반론을 제기할 준비가 되어 있을 것이다. 보다 더 엄밀하고 주의 깊은 양심은 바로, 윤리적 인간의 특징이다. 그리고 성자들이 자신을 죄인이라고 부른다면 그들은 충동 만족을 추구하기 위해서 부당하게 그렇게 행동하는 것이 아니다. 특히 성자들은 상당한 정도로 충동 만족의 유혹에 노출되어 있다. 왜냐하면 잘 알려져 있듯이 유혹은 끊임없는 거절을 통해서 커질 수 있기 때문이다. 그런가 하면 유혹을 이따금 만족시켜 주면 적어도 당분간은 약해진다. 문제로 가득 찬 윤리학 분야의 또 다른 사실은 다음과 같은 사실이다. 즉 불운, 말하자면 외적 욕망의 좌절은 초자아 안에 있는 양심의 힘을 크게 강화한다. 인간의 운이 좋은 한에 있어서는 양심이 부드러우며 자아에게 모든 것을 맡겨둔다. 그러나 자신에게 불행이 닥치면 인간은 내면으로 향하고, 자신의 죄를 알며, 자신의 양심의 요구를 고양

34) 자아의 스승은 초자아다.

시키고 절제하며 속죄를 통해서 자신을 처벌한다.[35] 모든 민족들은 바로 이렇게 행동했으며 언제까지나 그렇게 행동한다. 그러나 이것은 양심의 원천적인 유아적 단계로부터 쉽사리 설명된다. 말하자면 양심의 유아 단계는 초자아 속으로 투입된 후 사라지지 않고 초자아의 배후에 있으면서 초자아와 나란히 계속해서 존재한다. 운명은 부모의 대리인으로 여겨진다. 불행을 당하면, 그것은 우리가 더 이상 이 최고의 힘에 의해 사랑받고 있지 않다는 의미가 된다. 그리고 우리는 이 사랑을 상실하는 위협을 받으면 다시금 초자아 안에 있는 부모 대리인에게 고개 숙인다. 우리가 엄밀하게 종교적인 의미의 운명 안에서 단지 신적 의지의 표현만을 인식할 경우 이 사실은 특히 명백해진다. 이스라엘 민족은 자기들을 신의 총애를 받는 자식으로 여겼으며, 위대한 아버지가 자신에게 불행을 가져다주었을 때도 신과의 관계에 대한 믿음이 흔들리지 않았고 신

---

35) (지은이 주) 마크 트웨인은 〈내가 일찍이 훔친 첫 번째 멜론(The first melon I ever stole)〉이라는 유쾌한 단편소설에서 불운에 의한 이러한 도덕의 촉진을 다룬다. 이 첫 번째 멜론은 우연히도 설익은 것이었다. 나는 마크 트웨인이 이 단편소설을 읽는 것을 들었다. 그는 소설의 제목을 말한 뒤 잠시 말을 멈추고 의심쩍은 듯 자문했다. "그것이 첫 번째였던가?" 이 말과 함께 그는 모든 것을 말했던 것이다. 말하자면 그가 훔친 첫 번째 멜론은 그가 훔친 유일한 멜론이 아니었던 것이다.

의 힘과 정의도 의심하지 않았다. 오히려 이스라엘 민족은 그들의 죄를 설파한 예언자들을 낳았다. 이스라엘 민족은 자신의 죄의식으로부터 사제 종교의 지나치게 엄격한 계율을 만들어냈다. 미개인들의 행동이 이것과 많이 다르다는 것은 주목할 만한 일이 아닌가! 미개인은 불행을 당하면 그것을 자기 탓으로 돌리지 않고 그 탓을 분명히 자신의 의무를 행하지 않은 주물(呪物, Fetisch) 탓으로 돌리고 자기 자신을 벌하는 대신 그 주물을 벌한다.

따라서 우리는 죄책감의 두 가지 근원을 알게 되었는데, 권위에 대한 불안에서 생기는 죄책감과 초자아에 대한 불안에서 생기는 두 번째 죄책감이 그것이다. 첫 번째 죄책감은 충동 만족을 관념하도록 강요하며, 두 번째 죄책감은 한 걸음 더 나아가서 충동 만족을 처벌하기를 강요한다. 왜냐하면 우리는 금지된 소망의 진전을 초자아에게 감출 수 없기 때문이다. 우리는 또한 초자아의 엄격함, 말하자면 양심의 요구를 어떻게 이해할 수 있는지에 관해 들었다. 초자아의 엄격함은 단순히 그 엄격함에서 분리되어 부분적으로 대치된 외부 권위의 엄밀함을 계승한다. 이제 우리는 충동 단념과 죄의식 간의 관계가 어떤 것인지를 안다. 근원적으로 충동의 단념이란 실로 외부 권위에 대한 불안의 결과다. 우리는 외부 권위의 사랑을 잃지 않으려고 충동의 만족을 단념한다. 우리가 이처럼 충동을 단념한다면, 우리는 말하자면 권위와 비긴 셈이 되며 당연히 아무런 죄책감도 남지 않을 것이다. 초자아에 대한 불안은 경우가 다르다. 여기서는 충동 단념만으로는 충분치 않다. 왜냐하면 충동 만족의 소망은 지속하고 이 소망은 초자아 앞에서 은폐되지 않기 때문이다. 따라서 충동 단념에도 불구하고 죄책감은 생기며, 이것은 우리가 양심 형성이라고 말할 수 있는 것처럼 초자아의 확립을 위해 매우 큰 경제적 단점이다. 이제 충동 단념은 이제 더 이상 인간을 완전히 해방시키는 어떤 효과도 지니지 못한다. 덕스러운 금욕은 사랑의 보장을 통해서 보상받지 못한다. 우리는 위협적인 외부의 불행을－외부 권위로부터 오는 사랑의 상실과 처벌을－연속되는 내적 불행, 즉 죄의식의 긴장으로 바꾸었다.

이러한 관계들은 너무 복잡하고 동시에 너무 중요하기 때문에 나는 반복해서 말하는 위험을 무릅쓰면서도 여전히 또 다른 측면에서 이 관계들을 살피고자 한다. 말하자면 이 관계의 시간적 순서는 다음과 같은 것이다. 우선 외부 권위의 공격에 대한 불안 때문에 생기는 충동의 단념－실로 이러한 불안에 도달하는 것은 사랑의 상실에 대한 불안이고, 사랑은 이러한 처벌의 공격에 대해서 보호해 준다—이 있고, 다음으로 내면적 권위가 확립되고, 내면적 권위에 대한 불안, 곧 양심의 불안(Geistesangst) 때문에 충동의 단념이 생긴다. 두 번째 경우 악한 행위와 악한 의도는 똑같이 평가받으며 따라서 죄의식과 처벌 욕구가 생긴다. 양심의 공격은 권위의 공격을 보존한다. 여기까지는 문제가 상당히 명백해졌지만, 불행(외부로부터 부과된 충동 단념)의 영향이 강화되고, 가장 선하면서 가장 순한 사람들의 양심이 특히 엄격한 것은 어디에서 오는 것인가? 이미 우리는 양심의 두 가지 특수성을 설명했지만, 아마도 이 설명들은 근본적이지 못하고 설명의 여지를 남겨 놓았다는 인상을 주는 것처럼 보인다. 그래서 결국 여기에서 정신분석학에 전적으로 고유하며 통상적인 인간의 생각에는 생소한 관념이 나타난다.[36] 이 관념은 어떻게 해서 대상이 그토록 혼란하고 불분명하게 우리에게 나타나지 않으면 안 되었는지를 우리로 하여금 이해하도록 하는 그러한 종류의 것이다. 곧 이 관념은 다음의 사실을 말한다. 처음에는 양심이 (보다 정확히 말해서 나중에 양심으로 되는 불안이) 충동 단념의 원인이지만, 나중에는 이

36) 'Idee'는 철학적으로는 이념의 뜻을 가지고 있지만 여기서는 문맥의 뜻에 따라서 관념 또는 개념의 의미를 가진다.

관계가 뒤바뀐다. 그런데 모든 충동 단념은 양심의 역동적 원천이 되며, 모든 새로운 충동 단념은 양심의 엄격함과 까다로움을 부추긴다. 그리고 만일 우리가 잘 알고 있는 양심의 발생사와 이 양심을 훌륭하게 조화시킬 수 있다면 우리는 다음과 같은 역설적 명제를 인정하려고 할 것이다. 즉 양심은 충동 단념의 결과다. 아니면 (외부로부터 우리에게 부과된) 충동 단념은 양심을 생기게 하고 다음으로 양심은 더 많은 충동 단념을 요구한다.

원래 이미 설명한 양심의 기원에 대한 이 명제의 모순은 그렇게 크지 않으며 우리는 그 모순을 더 줄일 수 있는 방법을 알고 있다. 보다 더 설명을 쉽게 하기 위한 목적에서 공격 충동의 예를 들고 이 관계들에서 언제나 공격 단념이 문제가 된다고 가정해 보자. 이것은 물론 단지 잠정적인 가정이어야만 한다. 충동 단념의 양심에 대한 효과는 그러면 다음처럼 진행된다. 모든 공격의 부분을 만족시키기를 우리가 단념하면 모든 공격 부분은 초자아가 떠맡게 되고 초자아의 (자아에 대한) 공격이 높아진다. 양심의 근원적 공격은 외부 권위의 엄격함의 연장이며 따라서 충동 단념과 전혀 상관없다는 견해는 이 입장과 제대로 일치하지 않는다. 그러나 만일 우리가 초자아의 최초의 공격이 다른 원천에서 생겼다고 가정하면 우리는 이러한 불

일치를 없애게 된다. 분명히 어린이는 어떤 충동을 단념하도록 강요당하든지 간에 최초의, 그러나 가장 중요한 만족을 방해하는 권위에 대해서 엄청난 공격 경향을 전개시킬 것이다. 어린이는 어쩔 수 없이 이 보복적 공격의 만족을 포기하지 않으면 안 된다. 어린이는 잘 알려진 메커니즘의 도움을 받아 이 어려운 경제적 상황을 벗어날 길을 찾는다. 즉 어린이는 이 공격 불가능한 권위를 자신과 동일시함으로써 그 권위를 자신 안에 받아들인 권위는 이제 초자아로 되며 어린이가 권위를 상대로 해서 발산하고 싶었던 모든 공격을 소유하게 된다. 어린이의 자아는 ― 아버지의 ― 타락한 권위가 가지는 비참한 역할로 만족하지 않으면 안 된다. 매우 흔한 일처럼 상황은 역전되는데 그것은 "만일 내가 아버지이고 네가 어린이라면, 나는 너를 혹독하게 다룰 것이다"와 같다. 초자아와 자아의 관계는 아직 분할되지 않은 자아와 외부 대상 사이에 있는 현실 관계가 소망으로 인해 왜곡되어 다시 나타난 것이다. 또한 그것은 전형적이다. 그러나 본질적 차이는 다음과 같다. 즉 초자아의 근원적인 엄격함은 어린이가 대상으로부터 경험한 엄격함 또는 대상의 속성으로 생각하는 엄격함을 나타내는 것이 아니고 오히려 대상에 대한 어린이 자신의 공격을 드러낸다. 만일 이 견해가 맞는다면, 처음에는 공격의 억제를 통해서 양심이 생기며, 양심은 그와 같은 새로운 억제를 통해서 계속해서 강화된다고 우리는 실제로 주장할 수 있다.

그런데 두 견해들 중에서 어떤 것이 옳은가? 우리가 보기에 발생론적으로 전혀 반박할 수 없는 것 같은 첫 번째 견해가 옳은가, 아니면 이론을 아주 바람직한 방식으로 마무리하는 두 번째 견해가 옳은가? 분명히 직접적인 관찰의 증거에 따라서도 두 가지 모두 정당하다. 두 견해들은 서로 모순되지 않으며 어떤 점에서는 일치하기까지 한다. 왜냐하면 어린이의 보복적 공격은 어린이가 아버지에게 기대하는 징벌적 공격의 양에 의해서 함께 결정될 것이기 때문이다. 그러나 경험은 다음의 사실을 가르쳐준다. 즉 어린이가 발달시키는 초자아의 엄격함은 그 자신이 경험한 처벌의 엄격함을 결코 다시 주지 않는다.[37] 초자아의 엄격함은 처벌의 엄격함으로부터 독립되어 있는 것처럼 보인다. 매우 자유로운 교육을 받은 어린이도 매우 엄격한 양심을 가질 수 있다. 그렇지만 우리가 이러한 독립성을 과장하려고 한다면 그것 또한 옳지 않을 것이다. 양육

---

37) (지은이 주) 멜라니 클라인에 의해서와 마찬가지로 영국 저자들에 의해서 이 점이 특히 강조되었다.

의 엄격함 또한 어린이의 초자아 형성에 강한 영향을 미친다는 것을 확신하기란 어렵지 않다. 다음과 같은 결론이 생긴다. 즉 초자아의 형성과 양심의 발생에 있어서는 타고난 기질적 요인과 현실적 주변 환경의 영향이 함께 작용한다. 이것은 결코 놀라운 일이 아니고 오히려 그와 같은 모든 과정들의 보편적인 병원학적(病原學的) 조건이다.[38)]

우리는 또한 다음처럼 말할 수 있다. 즉 어린이가 최초의 커다란 충동 좌절에 대해 지나치게 강한 공격과 그에

---

38) (지은이 주) 프란츠 알렉산더는《전체 인격의 정신분석학》에서 병의 원인이 되는 두 가지 주요 양육 방법, 곧 너무 엄격한 태도와 너무 응석을 받아주는 태도를 청소년 비행에 관한 아이히호른의 연구《비행 청소년》(1925)과 관련해서 정확하게 평가했다. '자식에게 지나치게 무르고 응석을 받아주는 아버지'는 자식에게 있어서 지나치게 엄격한 초자아 형성의 동인(動因)이 된다. 왜냐하면 자식은 사랑받는다는 인상을 가지고 자신의 공격을 내면으로 향하게 하는 것 이외에는 다른 배출구를 찾을 수 없기 때문이다. 사랑받지 못하고 자란 비행 청소년에게 있어서는 자아와 초자아 사이에 긴장 관계가 부족하기 때문에 그의 공격 전체는 외부로 향할 수 있다. 따라서 우리가 존재한다고 가정할 수 있는 기질적 요인은 제쳐놓는다면 우리는 다음처럼 말할 수 있다. 즉 엄격한 양심은 두 가지 삶의 영향들의 공동 작용에서 생긴다. 두 가지 영향들 중 충동 거절은 공격을 향하게 하며 사랑의 경험은 이 공격을 내면으로 향하게 해서 초자아에게 그것을 넘겨준다.

대응하는 초자아의 엄격함을 가지고 반응한다면, 그 어린이는 일반적으로 정당화되는 반응의 범위를 넘어서서 계통발생적 모범을 따르고 있는 것이다. 왜냐하면 원시시대의 아버지는 확실히 두려움의 대상이었으며, 우리는 그 아버지가 극단적인 공격을 가졌다고 추측할 수 있기 때문이다. 말하자면 우리가 개체 발달사로부터 계통 발달사로 옮아간다면 양심의 발생에 관한 두 견해들의 차이는 한층 더 줄어든다. 이 두 가지 발달 과정에는 새롭고 중요한 차이가 나타난다. 우리는 다음과 같은 가정에서 헤어날 수 없다. 즉 인류의 죄책감은 오이디푸스 콤플렉스에서 생기며 죄책감은 형제들이 공모해서 아버지를 살해하는 데서 얻어진다. 당시에는 공격이 억압당하지 않고 실행되었다. 이러한 공격의 억압은 어린이에게 있어서는 당연히 죄책감의 원천이다.

…그것은 참이고 우리는 누락된 것을 당연히 보충해야 할 것이다. 그것은 아무런 특별한 비밀도 아니다. 어떤 것을 어긴 후 그것을 어겼기 때문에 우리가 죄책감을 갖는다면 우리는 이 감정을 후회(Reue)라고 부르는 편이 오히려 나을 것이다. 후회는 단지 행위와만 관계가 있으며 물론 다음의 사실을 전제로 한다. 즉 자신이 이미 죄가 있다고

느끼는 양심은 행위에 앞서서 미리 성립되어 있는 것이다. 따라서 그와 같은 후회는 양심과 죄책감 일반의 원천을 찾는 데는 우리에게 전혀 도움이 될 수 없다. 이러한 일상적인 경우들의 과정은 흔히 다음과 같은 과정이다. 즉 충동 욕구가 강해지면 양심의 강함도 한계가 있으므로 충동 욕구는 만족에 도달한다. 그 욕구의 자연적 약화와 함께 이전의 힘의 관계가 재정립된다. 따라서 후회로부터 생기는 죄책감이 제아무리 자주 일어나고 죄책감의 실천적 의미가 제아무리 크다고 할지라도 정신분석학이 그런 죄책감을 이 논의들에서 배제한 것은 정당하다.

그러나 인간의 죄책감이 원시시대의 아버지 살해로 거슬러 올라가면, 그곳은 '후회'의 경우였다. 당시에 행위 이전에 양심과 죄책감이 성립해 있지 않았다고 가정할 수 있을까? 만일 행위 이전에 양심이 성립해 있지 않았다면 이 경우 후회는 어디에서 왔는가? 확실히 이 경우는 우리에게 죄책감의 비밀을 설명해 주고 우리의 곤혹스러움에 종지부를 찍을 것이다. 그리고 생각건대 이 경우는 그렇게 해주기도 한다. 이 후회는 원시시대의 아버지에 대한 상반된 감정의 결과였으며, 아들들은 아버지를 증오했지만 사랑하기도 했다. 공격에 의해 증오가 만족된 후 사랑이 공격 행위에 대한 후회로 나타났다. 사랑은 아버지와의 동일화에 의해 초자아를 확립했으며, 아버지에게 행해진 공격 행위에 대한 처벌처럼 아버지에게 초자아의 힘을 부여했고 동일한 행위의 재발을 당연히 막아야 할 제약들을 만들었다. 그리고 아버지에 대한 공격 성향은 다음 세대에도 반복되었기 때문에 죄책감 역시 존속되었으며 모든 억압된, 그리고 초자아에 넘겨진 공격을 통해서 새롭게 강화되었다. 그런데 내가 생각건대 드디어 우리는 두 가지를 명백하게 파악하는데, 양심의 발생에서 사랑의 역할과 죄책감의 숙명적 불가피성이 그것들이다. 사람들이 아버지를 죽였는가 아니면 그 행위를 자제했는가 하는 것은 실제로 결정적이지 않다. 두 경우 모두 사람들은 분명히 죄책감을 느낀다. 왜냐하면 죄책감이란 양립 감정에 의한 갈등의 표현, 곧 에로스(Eros)와 파괴 충동 또는 죽음의 충동(Destruktions-oder Todestrieb) 사이에서 벌어지는 영원한 투쟁의 표현이기 때문이다. 이 갈등은 인간에게 공동생활의 과제가 제시되는 순간 시작된다. 이 공동체가 단지 가족의 형태만을 아는 한에 있어서 이 갈등은 분명히 오이디푸스 콤플렉스로 나타나며 양심을 확립하고 최초의 죄책감을 만든다. 만일 이러한 공동체를 확대하려는 시도가 이루어진다면, 과거에 의존하는 형태를 가진 똑같은 갈등이 계속되고 강화되며, 계속해서 죄책감을 고양시키는 결과를 낳는다. 문화는 내면적인 성애적 충동에 복종하고, 인간을 긴밀히 결합된 집단으로 통일하려고 하기 때문에 오직 죄책감을 점점 강화해서만 이와 같은 목표에 도달할 수 있다. 아버지에게서 시작된 것은 집단에서 완성된다. 문화가 가족으로부터 인류로 나아가는 필연적인 발달 과정이라면, 양립 감정에서 생기는 타고난 갈등의 결과, 곧 사랑과 죽음의 노력 사이의 영원한 투쟁의 결과, 죄책감의 증대는 문화와 분리할 수 없을 정도로 결합되어 있다. 죄책감의 증대는 아마도 개인이 참을 수 없는 수준까지 도달할 것이다. '천상의 권력'에 대한 위대한 시인의 감동적인 비난을 생각해 보자.

"당신은 우리를 삶 안으로 이끌고
당신은 가난한 자를 죄짓게 하며
그러고 나서 당신은 그를 격렬한 고통에 시달리게 한다.
왜냐하면 모든 죄는 지상에서 벌 받기 때문이다."[39]

그런데 우리는 다음의 사실을 알고 나면 안도의 한숨

39) (지은이 주) 괴테의 《빌헬름 마이스터》 중 하프 연주자의 노래.

을 내쉴 수 있을 것이다. 즉 몇몇 사람들은 자기 자신의 감정의 소용돌이로부터 가장 심오한 통찰을 어려움 없이 건져내지만 그들과 다른 우리는 고통에 찬 불확실성 안에서 끊임없이 더듬으면서 길을 개척해 나가야 한다.

8.

그와 같은 길의 종착지에 도착해서, 필자는 자신이 독자들에게 전혀 능숙하지 못한 안내자였던 것에 대해, 독자들에게 황량한 길과 괴로운 우회로의 체험을 줄여주지 못한 것에 대해 용서를 구하지 않으면 안 된다. 전혀 의심할 여지없이 우리는 안내를 더 잘할 수 있을 것이다. 나는 나중에 어느 정도 훌륭히 안내하도록 시도할 것이다.

우선 나는 독자들이 다음과 같은 인상을 가지고 있다고 짐작한다. 즉 죄책감에 대한 논의가 너무 많은 공간을 차지하고 이 논의와 항상 긴밀한 관계가 없는 다른 내용은 옆으로 밀려나기 때문에 죄책감에 대한 논의는 이 논문의 틀을 벗어나 있다는 것이다. 이러한 사실은 이 논문의 구성을 방해했을지 모르지만, 죄책감을 문화 발달의 가장 중요한 문제로 제시하고, 문화 진전을 위해서 치르는 대가는 죄책감의 고조에 의한 행복의 상실이라는 것을 밝히려고 한 나의 의도에 완전히 일치한다.[40] 이 명제에서, 곧 우리의 탐구의 최종 결과에서 여전히 낯설게 들리는 것은 아마도 우리의 의식과 죄책감 간의 독특하며 여전히 전혀 해명되지 않은 관계로 되돌아갈 것이다. 통상적인, 우리에게 정상적으로 여겨지는 후회의 경우 의식은 다음과 같은 사실을 충분히 명백하게 지각할 수 있다. 즉 우리는 죄책감 대신 '죄의식(Schuldbewußtsein)'이라고 말하는 데 익숙하다. 우리는 신경증으로부터 정상 상태의 이해에 대한 가장 가치 있는 지침을 얻는데, 이러한 신경증의 연구에서

---

40) "그렇게 양심은 우리 모두를 겁쟁이로 만든다…(《햄릿》, 제3막 제1장)." 오늘의 교육은 성욕이 청소년의 삶에서 어떤 역할을 행할지 청소년에게 숨기고 있다는 사실은 우리가 오늘날의 교육에 대해서 던지지 않으면 안 되는 유일한 비난이 아니다. 그 이외에도 오늘날의 교육은 공격의 대상이 될 운명을 가진 청소년을 공격에 대해 준비시키기 못한다는 점에 잘못이 있다. 오늘날의 교육은 매우 옳지 못한 심리학적 방향 설정을 가지고 청소년을 삶 속으로 내보내기 때문에 그러한 교육은 마치 우리가 북극 탐험 여행에 나서는 사람들에게 여름옷이나 북부 이탈리아의 호수 지도를 주는 것과 마찬가지다. 여기서 윤리적 요구가 어느 정도 오용되고 있는 것은 명백해진다. 만일 교육이 "인간이 행복해지기 위해서, 그리고 남을 행복하게 만들기 위해서 당연히 인간은 이래야 하지만, 우리가 인간은 이렇지 않다는 사실을 고려하지 않으면 안 된다"고 말한다면 교육의 엄격함은 많은 해를 끼치지는 않을 것이다. 그 대신 우리는 다른 모든 사람들은 윤리적 규정을 충족시킨다고, 말하자면 덕스럽다고 청소년으로 하여금 믿게 만든다. 따라서 우리는 청소년도 덕스럽게 되리라는 요구를 정초한다.

모순에 가득 찬 관계가 생긴다. 신경증 중의 하나인 강박신경증에 있어서 죄책감은 지나치게 소란스럽게 의식으로 밀려든다. 죄책감은 환자의 삶과 마찬가지로 병의 증세를 지배하며 전혀 다른 것을 자신과 나란히 나타나게 하지 않는다. 그러나 대부분의 또 다른 경우와 형태의 신경증에서 죄책감은 완전히 의식되지 않은 상태로 남아 있지만 그렇다고 해서 죄책감의 결과를 덜 중요하게 표현하는 것은 아니다. 만일 우리가 환자들에게 그들이 '무의식적인 죄책감(unbewußtes Schuldgefühl)'을 가지고 있다고 말하면 그들은 우리를 믿지 않는다.[41] 우리는 그들이 단지 어느 정도 우리를 이해할 수 있게끔 그들에게 무의식적인 처벌 욕구에 대해서 이야기하며 그런 처벌 욕구 안에서 죄책감이 표현된다고 설명한다. 그러나 신경증 형태에 대한 관계가 과대평가되어서는 안 된다. 강박신경증에 있어서도 자신의 죄책감을 지각하지 못하는 유형의 환자도 있고, 어떤 행동의 수행에서 방해받으면 그제야 비로소 죄책감을 일종의 불안이나 고통스러운 불쾌감의 형태로 느끼는 유형의 환자도 있다. 결국 언젠가는 우리가 이러한 것들을 이해할 수 있겠지만, 아직은 이해할 수 없다. 여기서는

41) '무의식적인 죄책감'의 정확한 번역은 '의식되지 않은 죄책감'이다.

아마도 다음의 사실을 지적해 두는 것이 좋을 것이다. 즉 죄책감은 근본적으로 불안의 국소적인 변종일 뿐이고, 죄책감은 자신의 나중 단계에서 초자아에 대한 불안(Angst vor dem Über-Ich)과 완전히 일치한다. 그리고 불안의 경우도 의식과의 관계에서 똑같이 특별한 변화를 보여준다. 모든 증세의 배후에는 어떻든 불안이 숨어 있다. 그러나 불안은 때로는 의식을 전적으로 지배하고 때로는 너무 완전하게 모습을 감추기 때문에 우리는—실로 불안은 우선 느낌에 지나지 않기 때문에 만일 우리가 보다 더 순수한 심리학적 양심을 가지려고 한다면—무의식적 불안 아니면 불안 가능성에 관해서 말할 수밖에 없다. 그렇기 때문에 물론 다음과 같은 사실을 생각할 수 있다. 즉 문화에 의해서 생긴 죄의식도 죄의식으로 인식되지 않고 대부분 무의식 상태로 남아 있거나 쾌적하지 못함(Unbehagen)이나 불만(Unzufriedenheit)으로 나타난다. 우리는 이것들에 대해 다른 동기들을 찾는다. 적어도 종교는 문화에서 죄책감의 역할을 결코 간과하지 않았다. 실로 내가 다른 곳에서[42] 충분하게 논의하지 못했지만, 종교는 자신이 원죄라고 부르는 죄책감으로부터 인류를 구원할 것을 주장

42) (지은이 주) 〈환상의 미래〉(1927)를 말한다.

한다. 이와 같은 구원이 기독교에서 이루어지는 것과 같은 방식, 곧 한 사람이 희생적 죽음으로 모든 인류에게 공통적인 죄를 자기가 떠맡는 방식으로부터 우리는 문화의 발단이 된 이 원죄 획득의 최초 동기가 어떤 것이었을지를 추론해 냈다.[43)]

우리는 초자아, 양심, 죄책감, 처벌 욕구, 후회와 같은 몇 가지 단어들의 의미를 너무 느슨하게 사용했으며 자주 그것들을 혼동해서 사용했는데, 이 단어들의 의미를 밝히는 것은 매우 중요하지는 않겠지만 그렇다고 쓸모없는 짓도 아닐 것이다. 이 모든 단어들은 똑같은 관계에 연관되어 있지만, 이 관계의 서로 다른 국면을 지시한다. 초자아는 우리가 추론한 심급(審級, Instanz) 중의 하나이고, 양심은 우리가 다른 것과 함께 초자아에 부여한 하나의 기능이다. 이 기능은 자아의 행위와 의도를 감시하고 심판하며 검열 행위를 수행한다. 따라서 죄책감, 곧 초자아의 준엄함은 양심의 엄격함과 똑같다. 죄책감은 자아가 그와 같은 방식으로 감시받고 있다는 자각이며 자아의 추구와 초자아의 요구 사이에서 생기는 긴장에 대한 평가다. 이 비판적 심급에 대한 불안, 곧 처벌의 욕구는 모든 관계에

43) (지은이 주) 《토템과 금기》(1912), 제4장.

기본으로 놓여 있는 불안인데 이것은 가학적 초자아의 영향 아래에서 피가학적으로 된 자아의 충동 표현이다. 즉 내면적으로 파괴하려는, 자아 안에 존재하는 충동의 일부는 초자아와의 성애적 결합을 위해서 사용된다. 우리는 초자아를 증명할 수 있을 때까지는 당연히 양심에 관해서 미리 말해서는 안 될 것이다. 죄의식에 관해서 우리는 다음처럼 말하지 않으면 안 된다. 즉 죄책감은 초자아보다 먼저 존재하고, 따라서 양심보다도 먼저 존재한다. 그렇다면 죄책감은 외부 권위에 대한 불안의 직접적 표현이고, 자아와 이 권위 사이에 존재하는 긴장의 인정이다. 죄책감은 권위의 사랑에 대한 욕구와 충동 만족에 대한 열망 사이에서 생기는 갈등의 직접적 파생물이다. 충동 만족에 대한 열망이 방해받으면 공격 성향이 생긴다. 죄책감의 이와 같은 두 가지 층을—외부 권위에 대한 불안에서 생기는 층과 내면적 권위에 대한 불안에서 생기는 층을—포개 놓는 일은 우리가 양심의 관계를 여러 가지로 통찰하는 것을 어렵게 만들었다. 후회(Reue)는 죄책감의 경우 자아의 반응에 대한 전체적 지칭으로서, 죄책감의 배후에서 작용하고 있는 불안의 감각적 재료를 약간 변형된 형태로 포함한다. 죄책감은 그 자체가 처벌이며 처벌의 욕구를 포함할 수 있다. 따라서 후회 역시 양심보다 더 오래된 것일 수 있다.

연구하는 동안 잠시 우리를 당황하게 했던 몇 가지 모순들을 다시 한 번 검토해 보는 것도 전혀 해로운 일이 아닐 것이다. 죄책감은 어떤 시점에서는 당연히 공격이 억제된 결과였지만, 또 다른 시점, 바로 죄책감의 역사적인 시발점, 곧 아버지 살해의 시점에서는 공격이 실행된 결과였다. 우리는 또한 이와 같은 난점으로부터 탈출하는 길을 발견했다. 내면적 권위, 곧 초자아의 설정은 바로 관계들을 근본적으로 바꾸어놓았다. 이전에는 죄책감이 후회와 똑같은 것이었다. 여기에서 우리는 다음의 사실을 주목한다. 즉 후회라는 명칭은 공격이 실제로 행해진 후의 반응에 대해 사용된다. 그 후에는 초자아의 전지(全知) 때문에 의도된 공격과 실행된 공격 사이의 구분이 자신의 힘을 상실했다. 그런데 ― 세상 사람들이 다 아는 것처럼 ― 실제로 수행된 폭력 행위가 죄책감을 생기게 할 수 있었을 뿐만 아니라 ― 정신분석학이 인식하는 것처럼 ― 단지 의도하기만 한 폭력 행위도 죄책감을 생기게 할 수 있었다. 심리학적 상황의 변화를 넘어서서 두 가지 근원적 충동이 가지는 양립 감정의 갈등은 동일한 결과를 남겨놓는다. 여기에서 죄책감과 의식의 변화무쌍한 관계가 지니는 수수께끼에 대한 해결책을 찾으려는 유혹을 가까이에서 느낄 수 있다. 악한 행동에 대한 후회에서 생기는 죄책감은 항상 분명히 의식되며, 사악한 충동의 지각에서 생기는 죄책감은 아마도 무의식적으로 남을 수 있을 것이다. 그러나 사태는 그렇게 간단하지 않다. 강박신경증은 이 사실을 강하게 반박한다.

…내가 보기에는 문화의 발달이라는 현상에서 초자아의 역할을 추적하려고 하는 고찰 방식은 또 다른 해명을 약속하는 것처럼 생각된다. 나는 서둘러서 이 글을 마무리하려고 한다. 물론 내가 피하기 어려운 하나의 물음이 있다. 만일 문화의 발달이 개인의 발달과 그렇게 광범위한 유사성을 가진다면, 그리고 똑같은 수단을 가지고 움직인다면, 문화적 욕구의 영향 아래에서 여러 문화들이나—아니면 문화의 시대들, 어쩌면 인류 전체—가 '신경증'에 걸렸다고 우리가 당연히 진단 내리는 것이 옳지 않을까? 이러한 신경증을 자세히 분석적으로 고찰한다면, 실제적인 큰 관심을 주장할 수 있는 처방을 포함할 수 있을지도 모르겠다. 정신분석학을 문화 공동체로까지 옮기려는 그와 같은 시도가 어리석다거나 아니면 무익하다고 말할 수는 없을 것이다. 그러나 우리는 매우 신중하지 않으면 안 될 것이고 다음의 사실을 잊어서는 안 될 것이다. 즉 우리

가 취급하는 것은 그렇지만 오직 유사성뿐이고, 인간뿐만 아니라 개념도 그것이 생겨서 발달한 영역으로부터 떼어 내는 것은 위험하다. 또한 공동체의 신경증에 대한 진단은 특별한 난점에 부딪친다. 개인의 신경증에 있어서는 환자와 '정상적으로' 여겨지는 주변 환경과의 대조가 우리에게 진단의 출발점으로 도움이 된다. 똑같은 방식으로 병에 걸린 집단에 있어서는 그와 같은 배경이 있을 수 없고, 따라서 그러한 배경은 다른 어떤 것에서부터 찾아야 할 것이다. 그리고 정신분석학적 통찰의 치료 적용에 관해서 말하자면, 아무도 그와 같은 치료를 집단에 강요할 권위를 소유하고 있지 않은데 사회신경증을 제아무리 정확하게 분석한들 무슨 소용이 있겠는가? 이러한 모든 어려움에도 불구하고 우리는 다음의 사실을 기대할 수 있다. 즉 앞으로 언젠가는 누군가가 문화적 공동체의 병리학을 과감하게 떠맡을 것이다.

가장 다양한 동기들 때문에 인류 문화를 평가하는 일은 내가 할 일과는 매우 먼 거리에 떨어져 있다. 나는 우리의 문화가 소요하거나 아니면 획득할 수 있는 가장 값진 것이고, 문화의 길은 상상할 수 없을 정도의 완전한 수준으로 우리를 이끌 것이라는 열광적인 편견을 멀리하려고 애써왔다. 문화적 노력과 그 노력이 사용하는 수단을 살펴보면, 노력 전체는 힘쓸 가치가 없으며, 그 결과는 개인이 참을 수 없는 것으로 발견하지 않으면 안 되는 것일 수밖에 없다는 결론에 우리가 분명히 도달한다는 비평가의 말을 나는 적어도 화내지 않고 경청할 수 있다. 나는 이 모든 것들에 대해서 거의 알지 못하기 때문에 공평한 입장을 취하기가 쉬웠다. 나는 확실히 오직 다음의 사실만을 안다. 즉 인간의 가치판단은 그의 행복에 대한 소망에 의해서 인도되며, 따라서 자신의 환상을 논증으로 옹호하려는 시도다. 누군가가 인류 문화의 강제적 성격을 제시하고, 예컨대 성생활의 제한에 대한 경향이나 자연도태를 희생해서 인도주의 이상을 관철하려는 성향을 피할 수도 없고 방향을 바꿀 수도 없는 것이 문화 발달의 경향이고, 우리는 그것이 자연적이며 필연적인 것처럼 그러한 성향에 가장 잘 복종하다고 말한다고 해도, 나는 그것을 충분히 이해할 것이다. 나는 또한 우리가 극복할 수 없다고 여기는 그러한 노력은 인류 역사의 과정에서 자주 포기되고 다른 노력으로 대치되었다고 하는, 앞의 주장에 대한 반론을 알고 있다. 그래서 나는 동료 인간들 앞에 예언자로 나설 용기가 없으며 내가 그들에게 아무런 위안도 가져다줄 줄 모른다는 그들의 비난에 대해서 머리를 숙인다. 왜냐하면 가장 급진적인 혁명가들과 마찬가지로 가장 용감하고 경건한 신자들도 근본적으로 모두가 위안을 요구하기 때문이다.

내가 보기에 인류의 숙명적인 문제는, 문화 발달이 인간의 공격 충동과 자기 파괴 충동에 의한 공동생활의 방해를 억압하는 데 성공할 것인지, 그리고 성공한다면 어느 정도 성공할 것인지인 것 같다. 이러한 관점에서 아마도 현대라는 시대는 바로 특별한 관심의 대상이 될 것이다. 인류는 지금 자연력의 지배 안에서 그 관심을 계속 키워왔기 때문에 자연력의 도움을 받아 최후의 한 사람까지 서로를 몰살시킬 관심을 소유하게 되었다. 인류는 이 사실을 알고 있으며 따라서 현재 그들의 초조, 그들의 불행, 그들의 불안 분위기의 대부분도 알고 있다. 그래서 이제는, 두 가지 '천상의 힘들' 중 하나인 영원한 에로스가 자신과 마찬가지로 불멸하는 적과의 투쟁에서 분발하기를 기대해야 한다. 그러나 누가 성공과 결과를 예견할 수 있는가?[44)]

---

44) (지은이 주) 이 마지막 문장은 히틀러의 위협이 분명히 드러나기 시작한 1931년 《문화에서의 불안》 재판본에 가필한 것이다.

해설

프로이트는 《꿈의 해석》(1900)과 《정신분석학 입문》(1915~1917) 등 두 권의 방대한 저서를 통해 자신의 독특한 정신분석학 체계를 확립했다. 그는 무엇보다도 종래 심리학이나 의학 심리학에서 주제로 삼았던 의식의 한계를 뛰어넘어서 무의식(의식되지 않는 정신 영역)의 세계를 들추어내었다. 프로이트는 의식을 가리켜 엄청나게 큰 빙산의 수면 위로 나와 있는 지극히 작은 한 부분이라고 했고, 무의식이야말로 바다 밑에 숨겨져 있는 엄청난 빙산 덩어리라고 했다. 따라서 프로이트의 정신분석학에 의하면 인류 전체의 삶을 움직이는 근원적인 힘은 무의식(또는 무의식적 충동이나 힘 또는 에너지)인 것이다.

1914년부터 1918년까지 계속된 제1차 세계대전은 프로이트의 정신분석학에도 커다란 변화를 가져왔다. 1920년부터 상상할 수 없는 인플레가 유럽 전체를 휩쓸었으며 경제공황이 밀려왔고 사람들의 삶은 지옥 속의 짐승들의 삶과도 같았다. 사람들이 기다릴 수 있는 것은 가난, 죽음의 불안, 그리고 암흑 이외에 다른 것이 없었다. 수많은 사람들이 정신병적 우울증인 멜랑콜리에 시달리고 있었다. 멜랑콜리 환자들은 비탄, 마음의 고통, 무의식적 증오심과 적개심 등으로 신음하고 있었다.

1920년대에 들어서면서 프로이트는 여전히 종래의 개인심리학을 바탕으로 삼고 있으면서도 사회학적 주제들에 관심을 가지게 되었다. 프로이트 이후의 정신분석학자들이나 심리학자들이 프로이트의 정신분석학 전체가 개인심리학에 치우쳐 있다고 비난하지만, 1920년대 이후 프로이트의 정신분석학은 확실히 사회심리학 쪽으로 영역을 확장하고 있음을 알 수 있다. 프로이트는 학대증(Sadismus)과 피학대증(Masochismus)의 원천을 리비도라고 보았으며, 말기로 갈수록 이러한 리비도의 영역 역시 확대된다. 말기의 프로이트는 리비도를 에로스(삶의 충동)와 타나토스(죽음의 충동)로 구분한다.

1923년 《자아와 이드》를 출판하면서 프로이트는 정신(영혼)에 관한 새로운 이론을 체계적으로 확립했다. 종래 의식(의식된 것), 전의식(의식되기 이전의 것), 무의식(의식되지 않는 것) 등으로 정신 영역을 나누었던 것을 역동적으로 자아, 원초아, 초자아로 대치시켰다. 정신 영역을 새롭고 체계적으로 확립한 프로이트는 점점 개인심리학을 넘어서서 사회심리학 쪽으로 접근하면서 《환상의 미래》(1927)를 출판하고, 이어서 《문화에서의 불안》(1930)을 출판했다.

《문화에서의 불안》은 충동의 욕구와 문화의 제약 사이에서 필연적으로 생기는 갈등 관계를 다루고 있으므로 이 책의 주제는 당연히 사회적이며 문화적이지 않을 수 없다. 원래 프로이트는 이 책의 제목을 《문화에서의 불행(Das Unglück in der Kultur)》이라고 붙였지만, 출판할 당시에는 불행을 '쾌적하지 못함(Unbehagen)'으로 바꾸었다. 다양한 문화 현상의 내면을 통찰할 경우 우리는 충동의 욕구와 이성적 자아의 억압을 수없이 발견할 수 있으며 이러한 관계에서 크고 작은 갈등이 생긴다. 이러한 갈등은 '쾌적하지 못함'의 정서를 유발한다. 특히 자아의 억압이 현대 문화에서 강할수록 '쾌적하지 못함'은 커질 수밖에 없다.

1930년 조앤 리비에르(Joan Riviere)는 이 책의 영어 번역판 제목을 《문명과 그것의 불만(Civilization and Its Discontents)》으로 달아서 출판했다. 문화(Kultur)와 문명(Zivilisation)에 관해서 수많은 논의가 가능하나 최근에는 인간의 정신적, 물질적 업적을 모두 문화라고 하기 때문에 옮긴이는 프로이트의 입장을 최대한 존중해 이 책의 한글판 발췌 번역본의 제목을 《문화에서의 불안》으로 부르기로 했다. 우리는 《문화에서의 불안》을 통해서 프로이트가 정신분석학적으로 문화를 어떻게 이해하는지, 충동적 욕구와 자아의 억압 간의 갈등을 어떻게 해명하는지, 그리고 문화에서 발생하는 수많은 쾌적하지 못함이 어떤 것이며, 그것들을 과연 어떻게 해결하는지를 고찰할 수 있다. 동시에 우리는 프로이트와 함께 문화의 정체를 파악하기 위해, 그리고 문화의 문제점들을 해결하기 위해 진지한 탐구와 성찰의 시간을 가질 수 있다.

지은이에 대해

지그문트 프로이트(Sigmund Freud, 1856~1939)는 마르크스, 니체 등과 함께 현대의 3대 혁명적 사상가로 꼽히는 인물이다. 마르크스는 종래의 관념론을 해체하고 유물변증법적 기초에서 인간의 정치·경제적 평등을 부르짖으면서 과학적 사회주의의 건설을 촉구했다. 니체는 예술가-철학자의 입장에서 종래의 합리주의적 허무주의를 타파하고 힘에의 의지를 근본으로 창조적인 초인(위버멘슈)상을 구축하고자 했다. 그런가 하면 프로이트는 의식 일변도의 심리학을 해체하고 종래에는 은폐되었던 무의식의 세계를 들추어냄으로써 의식과 무의식의 균형을 추구하고 건강한 정신 상태를 되찾으려고 노력했다.

프로이트가 죽은 지도 꽤 오래되었고 그동안 뇌 의학을 비롯해서 생화학, 생명공학 등이 눈부시게 발달한 결과, 프로이트의 정신분석학 이론 중 많은 부분이 정당성을 주장하기 어렵게 된 것이 사실이다. 그럼에도 불구하고 인간 정신에 관한 학문, 실험 및 치료 등 모두가 인간의 정신적 사고와 불가분적으로 연관되어 있으므로 현대를 살아가는 우리는 어떤 특정한 정신적 문제에 대해서는 프로이트의 정신분석학을 참조하지 않을 수 없다.

프로이트는 1856년 5월 6일 모라비아의 프라이베르크에서 유대인 부모 사이에서 태어났다. 프로이트는 김나지움과 빈 대학 의학부에서 학업성적이 타의 추종을 불허하는 출중한 학생이었다. 그가 의대를 택하게 된 가장 큰 원인은 다윈의 《종의 기원》과 괴테의 《자연》에 대한 독서 때문이었다. 그는 대학에서 브뤼케 교수의 지도를 받으면서 해부학과 생리학에 심취했다. 1881년 의학박사 과정을 졸업하면서 장차 대학교수 직을 꿈꾸어 보기도 했으나 당시 유대인은 일체의 공직은 물론이고 정식으로 교사나 교수가 되어 김나지움이나 대학에서 가르치는 것도 불가능했다.

프로이트는 1885년 파리 살페트리에르 병원장 샤르코 밑에서 장학생으로 약 5개월간 연구하면서 히스테리와 최면술에 특히 관심을 가졌는데, 이것은 장차 정신분석학을 창안하는 데 매우 중요한 동기가 된다. 1886년 프로이트는 마르타 베르나이스와 결혼했으며, 개인 병원을 개원하고 신경증 환자들을 치료하기 시작했다. 프로이트는 치료와 동시에 정신 노이로제에 관한 많은 자료들을 수집하고 논문을 발표했다. 그는 《꿈의 해석》(1900)과 《정신분석학 입문》(1915~1917) 등 두 권의 방대한 저서를 출판하면서 심리학을 넘어서 메타심리학으로서의 정신분석학이라는 새로운 분야를 독자적으로 창안하게 되었다.

1906년에는 카를 구스타프 융이 프로이트 정신분석학의 신봉자가 되었으나 1914년 융은 프로이트의 리비도 이론이나 오이디푸스 콤플렉스 이론에 반대해 프로이트와의 결별을 선언한다. 그러나 프로이트는 자신의 정신분석학을 계속해서 연구하면서 《쾌락의 원리를 넘어서》(1920), 《자아와 이드》(1923), 《환상의 미래》(1927), 《문화에서의 불안》(1930) 등을 출판했다. 1938년 프로이트는 딸 아나 프로이트와 함께 히틀러의 유대인 박해를 피해 런던으로 망명했다. 프로이트는 1923년부터 1939년 죽을 때까지 16년 동안 33번에 걸친 구강암 수술을 받으면서도 끊임없이 연구와 저술에 온 생애를 바친 인물이다. 프로이트의 이론을 기초로 삼아 독자적인 정신분석학을 전개시킨 인물은 수없이 많지만 그중에서도 가장 대표적인 인물로는 프랑스의 현대 정신분석학을 통일한 자크 라캉이 있다.

옮긴이에 대해

강영계는 서울대학교 철학과를 졸업하고 독일 뷔르츠부르크 대학교에서 박사학위를 취득했다. 현재 건국대학교 철학과 명예교수이며 중국 서북대학교 객좌교수이고 한국니체학회 고문이다. 독일 프라이부르크 대학교와 프랑스 스트라스부르 대학교에서 교환교수로 연구했고, 건국대학교 문과대학장과 부총장, 한국니체학회 회장을 역임했다.

저서로는 《기독교 신비주의 철학》(철학과현실사), 《사회철학의 문제들》(철학과현실사), 《니체와 예술》(한길사), 《정신분석 이야기》(건국대 출판부), 《헤겔, 절대정신과 변증법 비판》(철학과현실사), 《청소년을 위한 철학 에세이》(해냄), 《사랑학 강의》(새문사), 《마르크스, 니체, 프로이트 철학의 끌림》(멘토프레스) 등이 있다. 역서로는 스피노자의 《에티카》(서광사), 브루노의 《무한자와 우주와 세계》(한길사), 니체의 《차라투스트라는 이렇게 말했다》(지식을만드는지식), 《인간적인 것, 너무나 인간적인 것》(지식을만드는지식), 《도덕의 계보학》(지식을만드는

지식), 《선과 악의 저편》(지식을만드는지식), 쾨르너의 《칸트의 비판철학》(서광사), 하버마스의 《인식과 관심》(고려원), 프로이트의 《문화에서의 불안》(지식을만드는지식), 《꿈의 해석》(지식을만드는지식) 등이 있다.

원서발췌 문화에서의 불안

지은이 지그문트 프로이트
옮긴이 강영계
펴낸이 박영률

초판 1쇄 펴낸날 2024년 11월 15일

커뮤니케이션북스(주)
출판등록 제313-2007-000166호(2007년 8월 17일)
02880 서울시 성북구 성북로 5-11
전화 (02) 7474 001, 팩스 (02) 736 5047
commbooks@commbooks.com
www.commbooks.com

지식을만드는지식은
커뮤니케이션북스(주)의 고전 출판 브랜드입니다.

ISBN 979-11-7307-268-0 03180

책값은 뒤표지에 있습니다.